JORDI COLLELL

LOS CUATRO ESCALONES

Sube a la cima de tu marca personal

JORDI COLLELL

LOS CUATRO ESCALONES

Sube a la cima de tu marca personal

Diseño de cubierta: José Luis Gutiérrez
Maquetación: Marc Ancochea

ISBN: 978-84-17942-02-1
Depósito legal: B 16816-2019
Primera edición: Noviembre, 2019

Impresión: Liberdúplex

Impreso en España / Printed in Spain

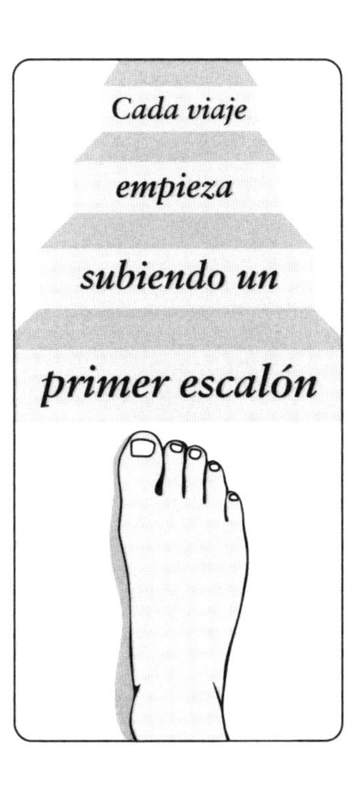
Cada viaje
empieza
subiendo un
primer escalón

ÍNDICE

1. UN PARAÍSO PERDIDO

Cuando Martín bajó de su coche de alquiler, le costó reconocer lo que tenía ante sus ojos. El pueblo de su infancia, que recordaba lleno de vida, parecía un decrépito y abandonado decorado de cine.

En la plaza principal, aparte de un horrible supermercado, no había más que negocios cerrados. Ni rastro de la antigua tienda de ultramarinos (que era, al mismo tiempo, quiosco, papelería y farmacia) donde hacía años había robado un palo de caramelo, suceso que le había provocado tremendos terrores nocturnos, a causa de los remordimientos por haber cometido semejante delito. Solo el edificio del ayuntamiento mantenía parte de su antiguo esplendor.

Paseando abatido por las calles donde habían transcurrido su niñez y juventud, Martín pasó junto a viviendas deshabitadas, muertas —algunas a punto de derrumbarse— y otras que no habían sido renovadas durante las tres décadas que él había vivido en América.

Cuando pasó junto a la escuela, le vinieron a la cabeza risas antiguas, y la nostalgia le obligó a abrir la verja de hierro, que se resistió con un gemido oxidado. La mala hierba invadía lo que había sido un jardín, y las grietas despojaban de uniformidad aquel cemento que antaño había sido un lugar de juegos al aire libre. No había ni rastro de las porterías de fútbol ni de las canastas de baloncesto.

La puerta de entrada al edificio estaba entornada. No le costó mucho acabar de abrirla. Subió las escaleras hasta una de aquellas aulas donde había pasado tantas horas. Al abrir la puerta, se quedó con el pomo en la mano. Los pupitres seguían en su lugar, como centinelas momificados del pasado. Dejó el pomo amputado sobre uno de ellos. Le habría gustado sentarse en el que había sido el suyo, junto a la ventana, pero había crecido demasiado y, en caso de lograrlo, habría tenido que llamar a los bomberos para que lo desincrustaran.

La mesa del profesor y su silla también seguían sobre la tarima. Martín acarició la mesa y se llenó los dedos de polvo añejo y telarañas. Se sentó en la silla y contempló la soledad de la clase desierta. Al recostarse, separó un palmo del suelo las patas delanteras. Como era de esperar, el mueble carcomido cedió al peso del nostálgico indiano —algo entrado en carnes— y, aunque él intentó agarrarse, acabó por los suelos en medio de un estrépito considerable. Por suerte no hubo testigos para tan ridículo accidente.

Tras soltar algunos tacos, Martín se levantó rápidamente quitándose el polvo de la ropa y siguió inspeccionando la escuela de su infancia.

Todo estaba roto, podrido, despintado, agrietado, oxidado. Parecía una cárcel vacía. Martín sintió un nudo en la garganta. Un pueblo sin escuela y sin niños, es un pueblo sin futuro. Y aquel pueblo era el suyo.

Antes de salir del edificio, Martín tomó un trozo de tiza que encontró sobre la mesa y escribió su nombre en la pizarra. ¡Qué difícil era escribir con buena letra en una pizarra! Seguramente, el último que lo había hecho había sido don Héctor, su antiguo profesor. Tenía que averiguar qué había sido de él. No era muy mayor, así que si seguía viviendo en Alameda, iría a visitarlo.

2. REENCUENTRO

La taberna seguía en su lugar. Allí había sido donde la había besado por primera vez y donde le había jurado amor eterno el último verano que había estado en el pueblo, de adolescente. Había habido más besos, pero en rincones algo más íntimos que aquel figón bicentenario. La recordó bañándose en el río, y vino a su memoria el tacto de su piel fría y mojada. Al evocar aquella tímida desnudez y aquel amor primerizo, Martín pronunció su nombre por primera vez en muchos años: Helena.

Tal vez ella se había quedado en Alameda.

El pueblo no ofrecía ninguna otra distracción que aquella ruidosa tasca. Allí, los pocos vecinos que quedaban jugaban al billar en una mesa que, seguramente, había sido testigo de invasiones napoleónicas. También se jugaba al dominó o a las cartas en las pequeñas mesas de mármol.

Dentro de su decadencia era un local bonito, auténtico. Con vitrinas de madera llenas de trofeos deportivos de gente ya difunta. Las paredes amarillentas lucían carteles anteriores a la Segunda Guerra

Mundial, una cabeza de jabalí, una de ciervo y otra de rebeco, las tres disecadas, un reloj de pared que milagrosamente funcionaba, bodegones y fotografías del siglo XIX. Pero lo más impactante era la rotunda barra de madera maciza y mármol; tras ella, el viejo Matías. Aunque Martín dedujo que, en realidad, debía de ser Matías hijo, ya que el mesonero tenía el mismo aspecto que treinta años atrás, y ya entonces era canoso.

Martín se sentó en un taburete y pidió un vaso de vino, un tinto de la comarca. No era un caldo excelente, porque no era embotellado, pero fresco del barril de la bodega entraba bien. Además, no había mucho donde escoger, cosas de la autarquía.

—¡Gordinflas!

El que había pronunciado su apodo infantil le propinó tal palmada en la espalda que Martín tuvo que sujetarse las gafas y poco le faltó para quedarse sin respiración.

—¿Eres tú, Martín? —se cortó el aún desconocido—. A ver si me he equivocado y voy a tener que pedirle disculpas, caballero.

Martín observó el rostro del individuo que le había dedicado tan efusiva bienvenida. No le conocía de nada.

—Sí, soy Martín —respondió sin dejar de exprimirse el cerebro en busca de quién era aquel bruto medio borracho más fuerte que un roble.

Entonces, se fijó en sus ojos verdes.

—¿Víctor?

—¡Venga un abrazo!

Víctor había sido su mejor amigo de infancia, un auténtico camarada. Martín le admiraba por su físico imponente, su eterno buen humor, sus ganas de aventura y su enorme imaginación. Víctor siempre le contaba historias de exploradores que algún día escribiría y llevaría al cine. Tenía talento para ser un gran escritor o un buen periodista. Era un gran personaje.

Pero ahora Martín contemplaba a un hombre derrotado y tan avejentado que le había costado reconocerlo. Solo eran las seis de la tarde y Víctor ya estaba completa y evidentemente curda.

—¿Qué haces por aquí? —preguntó Víctor agarrado a su vaso—. ¿Cuándo has llegado?

Mientras Martín le resumía un poco su vida en Estados Unidos y su visita a Alameda, Víctor pidió cuatro rondas de aguardiente de hierbas.

—Me considero un buen bebedor, pero este brebaje va a causarme serios estragos —comentó Martín notando que el alcohol le afectaba un poco a la hora de vocalizar—. Una más y basta, ¿vale?

—Nunca digas la última —sentenció Víctor pidiendo otra ronda—. ¿Y te has casado? —le preguntó Víctor.

—Pues no. Viví un tiempo con una chica, pero no me atreví a dar el gran paso y ella se cansó de esperarme. La verdad es que fui un estúpido. ¿Y tú?

A Víctor se le ensombreció el rostro y apuró su vaso.

—Sí, con Helena.

Martín sintió un aguijonazo. «Vaya, así que Helena se consoló con mi mejor amigo», pensó, e inmediatamente se sintió estúpido por aquel ataque de celos tan absurdo como anacrónico.

—Vaya, pues menuda suerte tuviste, ladrón. Ella era mi...

Martín dejó de hablar al ver que los ojos de Víctor se llenaban de lágrimas.

—¿Oye, estás bien?

—Lo siento —se disculpó Víctor—. ¡Mierda de vida!

Víctor, sin decir nada más y con paso inseguro, se dirigió a la salida y abandonó la taberna dejando a Martín totalmente descolocado.

Martín le llamó un par de veces, pero no insistió al ver que Víctor desaparecía de su vista.

—Cada vez que sale el nombre de Helena pasa lo mismo —dijo Matías mientras recogía los vasos.

—¿He dicho algo malo?

—No, hombre. No es culpa tuya, no sabías nada. Víctor está así desde que Helena y su hijo se mataron con el coche, hace cinco años. Fue una desgracia para todo el pueblo. Víctor viene cada día a la taberna y bebe hasta reventar. A veces le pongo agua en el vaso en lugar de aguardiente y ni se entera. Un día de estos vamos a tener un disgusto.

3. EN CASA

Martín se despertó con la cabeza más oxidada que la verja de la escuela. Había dormido de cualquier manera en el destartalado sofá de su casa, arropado con una manta nórdica que olía a humedad. Las camas aún no estaban hechas y, en el estado en el que había llegado, no se había planteado siquiera hacerlas. Lo había tenido que acompañar Matías ya que, tal como él mismo había vaticinado, aquellos tragos de aguardiente casero habían causado grandes destrozos en sus neuronas, acostumbradas a destilados mucho más refinados que aquel sulfuroso mejunje ilegal.

Más muerto que vivo, Martín abrió la llave del agua y las maltrechas cañerías de aquel caserón volvieron a hacer que circulara el líquido por primera vez en muchos años. Después de una reparadora ducha fría —más bien helada—, Martín tomó un desayuno con mucho café en la misma taberna.

Víctor no estaba.

Después de pagar y aguantar un par de comentarios irónicos de Matías en referencia al día anterior,

Martín dio un largo paseo por los paisajes cercanos a Alameda.

Cuando llegó al río y vio la roca grande de la poza, desde donde Helena solía saltar de cabeza al agua, se emocionó.

—¡Basta ya de tristeza! —se dijo.

Bajo la sombra de un viejo olmo que había sobrevivido al embate del tiempo, le vino a la cabeza una reflexión de Jean Paul Richter: «Nuestros recuerdos son el único paraíso del que no pueden expulsarnos».

Sin embargo, en vista de la decadencia en que se hallaba Alameda, Martín se dijo que disentía con el escritor alemán. Si nadie hacía nada por el pueblo donde había pasado sus días más felices, aquellas ruinas acabarían sustituyendo a sus recuerdos.

Cuando los últimos lugareños acabaran en el camposanto, Alameda se convertiría en otro pueblo fantasma, víctima del éxodo a las ciudades. Y no lo merecía. Ni el pueblo, ni Víctor. Él mismo se sentía un poco culpable por haberlo abandonado. Era cierto que había tenido que irse lejos con sus padres por obligación, pero recordó los planes que Víctor y él habían hecho cuando eran adolescentes. Iban a ir a California y a conquistar Hollywood. Su amigo iba a ser un gran guionista y él el mejor realizador de películas de aventuras, mucho mejor que Spielberg. Pero Víctor se quedó y Martín jamás le escribió.

En Estados Unidos, Martín había visto desaparecer del mapa muchas poblaciones, antaño llenas de familias y sueños, devoradas por el desierto o la vegetación del bosque. Y, a sus 44 años, aquella mañana decidió que Alameda no correría la misma suerte. No, si él podía evitarlo.

4. ¿QUIÉN SOY YO?

Mientras conducía por la senda cubierta de hojas, Martín sintió que regresaba a su adolescencia, cuando andaba por aquel mismo camino entre los árboles para visitar a su profesor favorito.

Héctor no solo le había contagiado la pasión por la literatura y la filosofía. En los meses anteriores a su traslado a Estados Unidos, también le había dado consejos vitales que Martín se había llevado consigo, como una brújula para tiempos turbulentos.

Aunque hacía cinco años que Héctor se había retirado como maestro, saber que continuaba en el pueblo le daba a Martín fuerzas para el proyecto que estaba tomando forma en su cabeza a pesar del dolor que le causaba la resaca.

Cuando, tras llamar al timbre de la cancela, apareció en el jardín aquel hombre ligeramente encorvado de mirada afable, el alumno sintió que el tiempo no había pasado. Eran los dos treinta años más viejos, sí, pero en los ojos claros de su maestro vio que nada había cambiado entre ellos.

—¿Te apetece un té? —le preguntó el profesor.

Martín lo agradeció, no volvería a abusar de los licores en una buena temporada... y tampoco iba a permitir que Víctor se ahogara en el aguardiente. También tenía planes para él.

Tras servir dos tazas de té de roca, Héctor escuchó con atención el proyecto que su antiguo alumno le explicaba como si fuera un improbable viaje a Marte.

—Entonces... ¿no te parece una locura que quiera presentarme a las elecciones como alcalde, después de haber vivido fuera del pueblo la mayor parte de mi vida?

El viejo maestro dio un sorbo a su infusión, como ganando tiempo para pensar, y finalmente le dijo:

—Martín, hace mucho tiempo que no sé nada de ti. Durante estos años de silencio mutuo el mundo ha cambiado en muchos aspectos y, entre ellos, en la manera en que nos damos a conocer y nos comunicamos. Fíjate: todo lo que haces deja marca, y durante tu vida has ido dejando tu huella por todos los lugares por los que has transitado. En ocasiones habrás hecho cosas de las que te sientas orgulloso, en otras quizás te arrepientas de tus actos; hay cosas que los demás saben de ti que tú no sabes y, al revés, hay cosas que tú no contarías por nada del mundo.

»Querido Martín, tú estás dejando constantemente muestras de tu marca personal que es, ni más ni menos, la huella que dejas en el corazón de los demás, y la estás imprimiendo desde que naciste. Tú ni la creas ni la puedes destruir, pero es responsabilidad tuya gestionarla para que proyecte lo que realmente eres.

»Yo fui tu profesor y, durante estos años, no te he olvidado, tú dejaste en mí tu marca sin ser consciente de ello. Si estás dispuesto a seguir mis consejos, te ayudaré a responder a tus interrogantes. Pero hay una pregunta que debes hacerte antes de iniciar un proyecto de tal envergadura.

—¿Cuál es esa pregunta? –se interesó Martín, lleno de curiosidad.

—Muy sencillo, pregúntate: ¿quién soy yo? —respondió Héctor con expresión seria.

Su antiguo alumno le miró con cierta perplejidad, así que el maestro se encargó de aclarar:

—Esa pregunta incluye otras que deberás hacerte, y que te iré formulando a medida que avancemos.

—Meditaré sobre ello… —respondió Martín tomando nota mental de todo.

—Al contestar, tendrás que concretar cuál es tu propuesta de valor, qué es aquello que puedes ofrecer a los demás para solucionarles algún problema o para curarles un dolor. Ninguno de nosotros está en el centro del universo, somos astros que giran con movimientos propios e influyen en los demás, pero de todo esto ya iremos hablando en el futuro.

—¡Eso lo tengo claro! Tras diez años de experiencia dirigiendo equipos en Estados Unidos, puedo ofrecer un nuevo modelo de gestión para conseguir unos objetivos determinados que mejoren la vida de la gente para que no tengan que irse del pueblo.

—Eso ya es algo —dijo Héctor, animado—. Lo que acabas de contarme forma parte de esta propuesta de valor y de tu identidad de marca, pero volvamos a la primera pregunta que te he planteado: ¿quién soy yo? Contéstame: ¿Qué sabes hacer? ¿Cuáles son tus competencias?

Martín apuró su infusión de un trago antes de responder:

—Creo que soy bueno gestionando el cambio. Se me da bien traducir a acciones prácticas las ideas que me llegan en abstracto. Gestionar la incertidumbre y volver tangibles los objetivos. Esa era mi tarea en la empresa de transportes de la que era jefe de operaciones y de la que acabé siendo propietario. Cuando me transmiten una necesidad, empiezo a trazar todos los pasos que habrá que dar para poder satisfacerla.

—Eso haría de ti un buen alcalde, si realmente tienes esas competencias. ¿Pediste alguna vez a tu equipo que te evaluara en tu trabajo?

—Bueno… —murmuró Martín, dubitativo— Siempre he sentido que estaba en evaluación constante, a partir de las reacciones que observaba en mi entorno y por la marcha general de la empresa.

—Déjate de generalidades y contesta —insistió Héctor clavando en él sus ojos azules—. ¿Has preguntado alguna vez a los tuyos qué opinan de ti, de tus competencias, de tus fortalezas y debilidades?

—Directamente no, debo reconocerlo.

—Pues ahí perdiste una gran oportunidad —sentenció el maestro—. Los demás saben cosas de ti que tú no sabes. Si quieres avanzar en el proyecto que me has planteado, tendrás que hacer los deberes, Martín. Necesitas llamar a las personas más importantes que han trabajado contigo y hacerles esas preguntas. Ellos te ayudarán a descubrir quién eres tú, más allá de lo que ya sabes de ti mismo. También podrías realizar una encuesta. Las encuestas son muy buenas herramientas, pero ahora mismo aquí en Alameda no te conoce nadie. ¿Tienes alguna página en redes sociales?

—No, nunca me han interesado.

—Pues este es un buen momento para que empiecen a hacerlo —afirmó Héctor.

—Me pondré a ello inmediatamente.

—Tienes que tener muy claro el concepto de lo que es una marca personal —siguió Héctor—. Ya tenemos una idea, un proyecto, un sueño que quiere tomar forma, así que debemos dar los pasos necesarios para hacerlo realidad. Lo más importante es ponerse a caminar sin demoras y sin complejos. De lo contrario, puede ser que la oportunidad pase de largo. Los proyectos son iniciativas que, desde su nacimiento, se mueven en condiciones de gran incertidumbre, por lo que hemos de dotarnos de herramientas para hacerlos lo más sencillos y comprensibles posible. Esto no nos garantiza el éxito, pero sí que nos pone en situación de empezar cuanto antes. Te recomiendo que leas e investigues a Simon Sinek, ya verás que en Internet hay un vídeo suyo con muchas visitas. Espera un momento...

El profesor se levantó y se dirigió a su despacho. Por el ruido, a Martín le pareció que Héctor estaba utilizando la impresora. Al volver, le tendió unos folios, le llamó la atención una imagen:

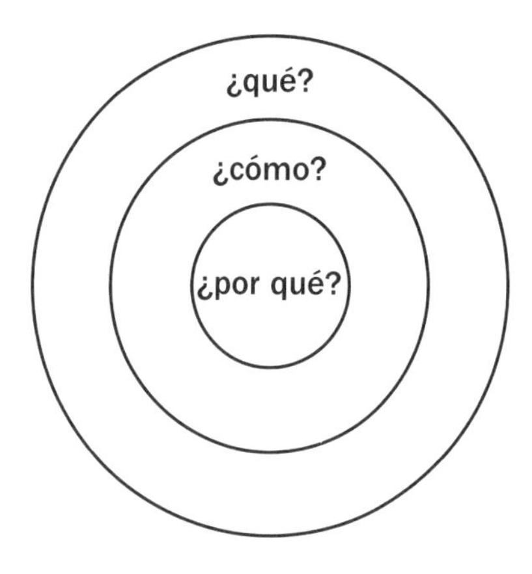

—¿Qué es esto? —preguntó Martín— ¿Una diana?

—Martín, no seas tan simple, se trata del Golden Circle —respondió el maestro algo enigmático—. El Círculo de Oro es una creación de Simon Sinek. Este autor nos dice que las personas entramos en contacto con otras personas, con las empresas y con las marcas comerciales, no por lo que hacen, sino por el por qué lo hacen. Es por eso por lo que ves que en el centro del círculo está escrita la pregunta «¿por qué?». Cuando te preguntas tu «porqué» estás refiriéndote a tu propósito, a lo que te mueve a actuar y que va más allá del momento presente. Se trata de tu misión.

»En el segundo círculo se lee la pregunta «¿cómo?». Aquí es donde Sinek nos dice que va la propuesta de valor, que tiene que ser lo más diferencial posible y que siempre, siempre se refiere a lo que puedes hacer por los demás.

»Y en el círculo exterior se sitúa la pregunta «¿qué?», que se refiere a aquello que hacemos en concreto. Yo fui maestro, y me temo que con tu llegada sigo siéndolo, pero el ejemplo clásico que Sinek siempre usa es el del fabricante de ordenadores Apple. «Cuestionamos el *statu quo* en todo lo que hacemos» es su porqué. «Por eso fabricamos todos nuestros productos con un diseño bonito y fácil de usar» es su cómo, su propuesta de valor. «Fabricamos ordenadores sensacionales» es lo que realmente hacen.

—Pero, Héctor —apuntó Martín—, yo tengo un iPhone fabricado por Apple. Y un iPhone no es un ordenador.

—Veo que me escuchas atentamente —respondió Héctor con una gran sonrisa—, esto también lo explica Sinek. Dentro de la propuesta de valor caben tanto ordenadores como tabletas, teléfonos o pantallas de televisión, porque a sus clientes lo que realmente les interesa es su porqué, y por eso los usuarios de Apple son tan fieles a la marca y a sus productos. Ha habido otros fabricantes de ordenadores que han intentado vender teléfonos y tabletas o televisores pero no han tenido éxito. ¿Quién compraría un teléfono a un fabricante de ordenadores? Lo importante es el porqué no el qué.

5. USTED TIENE 100 AMIGOS

Martín paseaba como una fiera encerrada entre las paredes de piedra más que centenarias del caserón donde había crecido. El papel pintado estaba lleno de manchas de humedad, cuando no directamente arrancado. Los muebles eran viejos e incómodos, y un olor a moho y a naftalina lo envolvía todo. El calentador de agua no funcionaba, la calefacción no existía, las chimeneas necesitaban un deshollinador con urgencia. Había corrientes de aire por todas partes... allí dentro hacía frío, y aún no había llegado el invierno.

Después de tres décadas sin que nadie se ocupara de ella, la casa necesitaba algo más que una limpieza a fondo y una mano de pintura. Lo mismo sucedía con Alameda.

Tras sentarse en la cocina con el portátil, y mientras navegaba por su agenda de contactos, recordó un curioso encuentro que había tenido al acabar la universidad. Un antiguo compañero, que había dejado el curso en el primer trimestre, le había llamado al teléfono de casa después de casi cuatro años sin saber de él, aunque, a decir verdad, tampoco habían intimado mucho. Habían formado parte del mismo grupo de trabajo y, un par de veces, habían ido a tomar una cerveza al terminar. Después había dejado de aparecer por la facultad y no había vuelto a dar señales de vida… hasta aquella tarde, casi a la hora de cenar, cuando nada más descolgar el teléfono Martín había oído decir a una voz gruesa:

—¿Te acuerdas de mí, verdad? Te llamo para invitarte a comer a mi casa. Quiero ayudarte a que tengas una vida mucho más feliz.

Martín se había puesto inmediatamente en guardia, pero su antiguo compañero se encargó de aclararle que no se había hecho *hare krishna*, mormón, ni testigo de Jehová.

—Quiero proponerte un negocio. Un buen negocio —puntualizó—. ¿O quieres ser un asalariado el resto de tu vida?

Pocos días después, Martín acudió por obligación a un apartamento de la periferia, donde aquel hombre, que había perdido buena parte de su pelo, le presentó a una mujer ojerosa como su pareja y le sirvió unos burritos precocinados.

El motivo de la reunión no tardó en surgir. Aquel tipo que, cuatro años antes, había abandonado la facultad, se había embarcado en un negocio piramidal que implicaba consumir únicamente los artículos domésticos y de higiene personal de una marca que Martín no conocía, pero que tenía un precio ocho veces superior a los productos del supermercado.

—Son mucho mejores —le justificó quien quería meterle en la pomada— y, además, al ser más caros, usas menos cantidad, aprendes a no despilfarrar.

A continuación, su excompañero le explicó la mecánica del negocio, pues sin duda lo era para alguien. Un porcentaje de todo lo que él comprara en la central que distribuía aquellos productos, elaborados sin duda por fabricantes de marca blanca, revertiría en quien estaba intentando captarle. A su vez, él convencería a un nuevo grupo de hacer lo mismo y cobraría de ellos, que, a su vez, expandirían la «buena nueva» a otros niveles en progresión geométrica, y él obtendría comisión de todos ellos.

Simplificando mucho, el objetivo final era cobrar un sueldo mensual de alto ejecutivo gracias a usar una pasta de dientes de diez dólares y de convencer a otros de que hicieran lo mismo.

Abrumado por la ingenuidad de su antiguo compañero, los ojos de Martín se posaron sobre la carátula de un CD de la misma empresa de productos sobrecostados con el título «USTED TIENE 100 AMIGOS».

Al ver su interés, el anfitrión le explicó:

—Son materiales de formación que compramos para aumentar nuestra red. Tú harás lo mismo si te unes al proyecto. ¡Hay gente que está ganando una fortuna gracias a esto!

—¿Dónde están esos cien amigos? —le interrumpió Martín— Creo que nunca he tenido más de tres o cuatro.

—Eso es por miopía emocional —dijo el otro con la lección aprendida—. El curso te demuestra que tienes cien amigos o más a los que darles la oportunidad de entrar en el negocio.

—Pero… ¿quiénes son? —preguntó intrigado.

—Años atrás los habrías encontrado en la típica agenda telefónica que había en todas las casas. Hoy en día, solo debes revisar los contactos de tu móvil, los del correo electrónico y tus redes. Te aparecerán un montón de personas con las que tuviste relación en otras épocas. Solo tienes que llamarlas para retomar la amistad y ofrecerles una vida mejor, en lugar de ser unos asalariados el resto de su puñetera vida.

El recuerdo de aquel episodio de su vida le dejó un poco desanimado. «Yo no quiero este tipo de amigos», se dijo «estoy harto de postureo y falsedades».

6. FEEDBACK

Antes de atreverse a telefonear a personas con las que normalmente no habría vuelto a ponerse en contacto, Martín hizo la llamada de rigor a su madre. Sin hermanos ni otro pariente cercano, y tras la muerte de su padre, ella era el único familiar vivo que le quedaba.

Martín le explicó que había visto al viejo maestro y ella le hizo muchas preguntas sobre lugares y personas de Alameda que Martín desconocía totalmente.

Inmediatamente después, se sacudió el pudor de encima para llamar a tres personas importantes en su vida profesional: la jefa de su primer empleo, un antiguo compañero de trabajo con el que se había llevado muy bien y el empleado que había estado más años trabajando para él.

La primera se mostró muy feliz de recibir lo que, en un primer momento, había entendido como una llamada de cortesía. Pero cuando Martín le pidió que le evaluara como trabajador, se quedó pasmada.

—Han pasado tantos años... Aprendías rápido, demasiado, quizás. A veces querías hacer las cosas antes de conocer bien cómo funcionaban. Aparte de eso, trabajabas duro y se podía confiar en ti. ¿Por qué lo preguntas? ¿Te has quedado sin trabajo?

Martín no se atrevió a contarle sus intenciones. Ni siquiera le dijo que ya no residía en Estados Unidos. Se limitó a decirle que estaba haciendo una revisión de su vida y pasó a la siguiente llamada, su compañero más cercano antes de que le nombraran director del equipo de ventas.

—Lo único malo que podría decir de ti… —empezó, dado que Martín le había preguntado qué era lo que menos le había gustado— es que te olvidaste muy pronto de quién habías sido antes.

—¿Qué quieres decir con eso?

—Nada más llegar a la empresa, te hiciste muy popular. Y empezaste a organizar una comida con todos los compañeros el primer día laboral del año, ¿te acuerdas? —Martín asintió, intrigado por saber dónde quería ir a parar—. Era muy divertida, porque pedías que compartiéramos la lista de deseos del año anterior y dábamos premios al que más y al que menos propósitos había cumplido.

—¡Es verdad! Qué tiempos aquellos… —suspiró con nostalgia— Sabíamos divertirnos.

Martín no se esperaba la estocada que estaba a punto de llegarle.

—Sí, por eso nos dolió que, a los dos meses de nombrarte jefe, te olvidaras de organizar el ritual de enero. En lugar de eso, creo que saliste a comer con el director financiero. Eso desmotivó al equipo.

¡Pataplaf!

Martín llamó con inquietud a su tercer evaluador, un administrativo joven y abnegado que había sido su mano derecha hasta que había decidido vender su empresa y abandonar el país.

Convencido casi al cien por cien de que recibiría buenas palabras por su parte, Martín decidió sincerarse.

—Llámame loco, pero quiero presentarme a las elecciones del pueblo en el que nací, David. Sea elegido o no alcalde, aquí tienes casa si quieres venir con tu mujer y el bebé a pasar vuestras vacaciones.

—Gracias, Martín. No sé cómo podría ayudarte en este proyecto… — murmuró sorprendido.

—Puedes, por supuesto. Dime, ¿me ves preparado para el cargo?

—Supongo que sí… Te he conocido como jefe, no como alcalde. Seguro que lo harás lo mejor posible. Sí, creo que podrás lograrlo.

El tono dubitativo de su mano derecha disparó todas sus alarmas, así que le preguntó sin ambages:

—Ahora necesito que seas sincero, David. ¿Hay algo en lo que podría mejorar para ser más idóneo para el cargo?

—Siempre hay algo que mejorar… —respondió cohibido— Ya que me lo preguntas tan directamente, si yo fuera tú, me esforzaría por escuchar más a la gente que trabaja contigo.

Tocado y hundido, pensó Martín, que esperó a que David terminara lo que quería decirle:

—Ahora mismo estás muy atento a mis palabras, aunque te encuentras a miles de kilómetros de distancia. Eso en la oficina no siempre pasaba. A veces te contaba algo y notaba que tu mente estaba muy lejos. No me escuchabas del todo. Pero supongo que es normal, tenías muchas cosas en la cabeza.

7. PRIMER ESCALÓN: SER CONOCIDO

Martín volvió a la taberna temprano, quería hablar con Víctor para proponerle que le ayudara en su proyecto, que fuera su mano derecha y su jefe de prensa. Quería hablar con su amigo estando sereno, antes de que comenzara su destructiva jornada etílica, pero aún no había llegado.

—Matías, ¿cuáles crees que son los potenciales de Alameda? —preguntó Martín al mesonero—. ¿En qué crees tú que tendríamos que invertir para salir de esta somnolencia?

El barman se secó las manos con un trapo y se rascó la cabeza.

—Este siempre ha sido un pueblo agrícola. Tenemos vino, cereales, un buen aceite y el queso de oveja, además de almendros y otros frutales —respondió el tabernero—. La gente trabaja para ir tirando y se podría mejorar la calidad y aumentar la producción. Pero la tierra es dura y exige sacrificios. Alrededor del setenta por ciento de los vecinos se fueron a buscar trabajo a la capital hace ya años. Apenas quedan jóvenes o niños, por eso se cerró la escuela. Sin gente que trabaje la tierra...

—¿El setenta por ciento!

—¡Y tenemos riqueza, joder! Podríamos lavarle la cara al pueblo para atraer turismo, pero no hay dinero.

—¿Turismo?

—Martín, aquí hay caserones del siglo XVI y XVII que están abandonados y amenazan ruina. Y el castillo medieval, que se cae a pedazos... Si reconstruyéramos nuestro patrimonio, Alameda seria un destino de turismo rural de primer orden. Tenemos un río de aguas cristalinas donde bañarse, hacer piragüismo, barranquismo...; hay montañas donde hacer escalada, buscar setas cuando es temporada, se ven muchos animales..., y nuestra gastronomía es de lo mejor. ¿Qué más se puede pedir?

—No hay hotel, ¿verdad?

—Bueno, yo tengo varias habitaciones en las que podría tener huéspedes. ¿En qué estás pensando? Me da en la nariz que no has venido únicamente para pasear por donde te criaste.

Martín sonrió.

En aquel momento llegó Víctor. Su aspecto era lamentable, no se había afeitado en dos o tres semanas, su pelo estaba grasiento, su indumentaria causaba rechazo, casi tanto como su aliento a aguardiente, y su mirada perdida iba más allá de las estrellas. Esbozó una sonrisa bobalicona a su amigo y pidió un vaso de vino en la barra. Martín se le acercó y empezó a hablarle entusiasmado de su proyecto de ser alcalde, de sacar a Alameda de su decrepitud, crear trabajo...

—¿Pero tú de qué vas? —le interrumpió Víctor con brusquedad— Acabas de llegar, ¿y te crees con derecho a «salvarnos»? ¿Te consideras un mesías porque has ganado dinero en América y vienes aquí a sacar a esta pandilla de inútiles de la miseria? ¡A tomar *pol* saco, hombre!

—Pero, Víctor, yo cuento contigo —intentó decir Martín—. Eres mi amigo y voy a necesitarte. No pienses en que yo me esté considerando importante. Piensa en la propuesta de valor que te estoy haciendo a ti y a los demás. Puedes formar parte de ello.

—Mira que tienes huevos, mamarracho. Tú ya no perteneces a este lugar, eres un extraño. Ni se te ocurra jugar con la desesperación de la gente de Alameda creando ilusiones para poder presumir de tus triunfos. Deja que nos pudramos a nuestra manera y lárgate con tus putos dólares a otra parte.

Martín se sintió atacado. Todos los parroquianos de la taberna le miraron sin decir nada. Víctor ya había pedido otro vaso y se lo bebió de un trago. El forastero pagó su café y abandonó el local.

Por un lado se sentía ofendido y decepcionado. Su intención de ayudar era genuina. Pero, por otro, constató que su amigo tenía parte de razón. Sin darse cuenta, sus piernas le habían llevado cerca de la casa de Héctor. Necesitaba hablar con alguien.

Mientras tomaba el té con su antiguo profesor en el tranquilo jardín de la casa, Martín le contó lo sucedido en la taberna y la información que había conseguido con sus llamadas de teléfono a Estados Unidos.

—Con ese rapapolvo, tu amigo Víctor te ha enviado un mensaje —le dijo Héctor.

—¿Enviado? Más bien me lo ha escupido en la cara.

—Si has ido en serio desde el principio, esa reprimenda debería haberte dado alas. Si, en cambio, Víctor tiene razón y tu proyecto ha sido un efímero arrebato de mesianismo, te irás de Alameda ofendido por la incomprensión de estas pobres gentes desagradecidas. ¿Qué se cuece en tu cerebro?

—No lo sé, estoy algo ofuscado ahora mismo —reconoció Martín.

—Si te conoces lo suficiente, ya deberías saber la respuesta.

—Pues no debo de conocerme tan bien como pensaba —soltó irritado Martín—. Me han cantado las cuarenta de manera pública y nadie ha dicho ni mu para defenderme.

—Porque no te conocen. Y me parece que te falta mucho para terminar de conocerte a ti mismo, veo que con las llamadas que hiciste no sacaste la suficiente información. Piensa que sin autoconocimiento no somos capaces de gestionar la marca que dejamos y corremos el riesgo de convertirnos en meros monigotes. Y así es como te han visto en la taberna. Tienes que darte a conocer, ese es el primer peldaño de la escalera que tienes que subir: ser conocido. Si no te explicas, te inventan. Explícate mejor para que no vuelvan a hacerlo.

—Pues muy bien —exclamó Martín ofendido.

—Entiendo que ahora estés algo dolido, pero aprende de lo que ha pasado, aprende de la reacción de los demás —dijo Héctor sorbiendo un poco de su té—. No te des por vencido a la primera estocada.

—De acuerdo —dijo Martín dando otro sorbo al té de roca y relajándose un poco—. Me está sentando bien este té de roca, la tranquilidad de este jardín y hablar contigo.

Héctor se sintió alagado pero no dejó que se relajara del todo, todavía tenía cosas que decirle:

—Martín, sin la presencia de los demás no podríamos iniciar el camino hacia el autodescubrimiento. La huella que dejamos desde nuestro instante cero es conocida y reconocida antes por los demás que por nosotros mismos —comentó el maestro—. Dejar marca es inevitable e imprescindible, la relación con los demás implica un enriquecimiento mutuo que nos modela como personas, al mismo tiempo que nosotros modelamos a los demás. Somos una marca personal porque estamos con otras marcas personales.

—Eso que me dices, traducido al lenguaje vulgar, significa algo, estoy seguro —rio Martín—. Pero tengo que reconocer que no lo he pillado. ¿Podrías explicarte un poco mejor?

—Lo que te he dicho antes: aprende de las reacciones de la gente según tu comportamiento y te conocerás un poco más. Te has intentado dar a conocer y has cosechado lo que parece un fracaso. ¿Crees que lo has hecho de la mejor de las maneras? ¿No has sido algo pretencioso? ¿No estás de acuerdo en que posiblemente deberías haber introducido tus objetivos respetando a tus semejantes un poco más? Martín, no estás solo, tu identidad, tu marca, se está relacionando con otras identidades. Conocerte a ti mismo, es la base para ser conocido. Tú eres tu mejor aliado.

Martín se dio cuenta de que si quería conseguir su objetivo tendría que darse a conocer —en Alameda no era todavía nadie, había pasado más años fuera que dentro— y de que la reacción de Víctor estaba provocada en gran parte por el desconocimiento.

8. RECTIFICAR ES DE SABIOS

Tres días después, a las ocho de la mañana, Martín oyó que alguien llamaba a la puerta de su casa. En la cama se estaba en la gloria, porque había ido a comprar colchones, almohadas, sábanas nuevas y un par de mantas nórdicas. En la casa hacía bastante frío, pero dentro del lecho se estaba caliente así que pensó en no hacer caso a los golpes. Sin embargo, fuera quien fuera quien llamase era un pelmazo de tomo y lomo porque no dejaba de insistir. Parecía que se había propuesto sacarlo a aldabonazos de la cama, sin cesar, sin misericordia, sin miramientos.

Así que Martín, después de soltar un amplio repertorio de blasfemias, se levantó, se puso la bata y las zapatillas. De un humor de perros, bajó las escaleras hasta la puerta principal y abrió la puerta. Víctor entró directamente sin esperar a ser invitado.

—Buenos días, tenemos mucho trabajo y hay que empezar de buena mañana. Que esto no es la ciudad y la gente decente madruga con el canto del gallo —dijo el intruso como saludo.

Martín estaba atónito, casi no reconoció a Víctor. Estaba afeitado a contrapelo, peinado, perfumado y se había puesto una camisa limpia perfectamente planchada. Los pantalones también estaban impecables y sus zapatos parecían nuevos. Su aspecto no solo era limpio, era un ejemplo de pulcritud. Y su boca no emanaba ningún efluvio que delatase haber consumido ninguna bebida espirituosa.

Víctor notó que su amigo le estaba preguntando con la mirada: «¿qué diantre está pasando aquí?».

—Anteayer, en el baño, me miré detenidamente en el espejo —empezó Víctor—. Tal vez fue la primera vez en mucho tiempo. Y no me gustó el reflejo. Pensé en terminar de una maldita vez y volarme la cara con la escopeta, pero en lugar de eso me afeité y decidí no beber en todo el día.

—Eso está bien.

—Recordé una frase de Héctor, nuestro antiguo maestro: «Tu vida te puede parecer una insignificancia, pero es única, nadie la ha vivido por ti, ni lo hará, y eso es lo que crea tu grandeza y tu miseria».

—Tenía que ser Héctor, claro... —suspiró Martín.

—Ayer me encontraba mejor, mi cerebro empezó a funcionar otra vez y me dediqué a pensar en lo que me dijiste. Hacía mucho tiempo que no me dolía la cabeza y me gustó la sensación de estar equilibrado. Si sigue en pie la oferta, aquí estoy.

—¿Te apetece desayunar algo? —le preguntó Martín, todavía sorprendido.

—Ya he desayunado en mi casa —respondió Víctor—, pero un segundo café siempre viene bien.

—¿Café solo?

—Sí, solo —dijo Víctor guiñándole un ojo—. Los destilados los reservaremos para cuando tengamos cosas que celebrar y espero que sean muchas. Nunca hay que beber en horario laboral.

—Me parece muy bien, Víctor. Me alegra mucho que hayas venido.

—Venga, tenemos mucho que comentar.

Hablando de una posible reconstrucción de los edificios monumentales del pueblo, Víctor le comentó que conocía a una arquitecta francesa especializada en restauración de caserones antiguos, castillos y todo tipo de edificios rústicos. La parisina hacía un par de años que iba a pasar una temporada en Alameda durante los meses de julio y agosto. Había restaurado la casa de sus abuelos y la había dejado como nueva. Además, se había ganado el respeto de los vecinos, porque la mano de obra la había contratado entre la gente del pueblo y, en su momento, sirvió de ayuda para algunos que tenían pocos recursos.

—Podríamos pedirle a Isabelle que venga aquí antes de sus vacaciones y que nos diga qué podemos hacer con la arquitectura que tenemos en el pueblo. Al menos los rincones más emblemáticos. —sugirió Víctor—. ¿De dónde piensas sacar el dinero?

—Por el dinero, de momento, no te preocupes. Vendí mi propia empresa y saqué lo suficiente para vivir siete vidas, como un gato —respondió Martín.— ¿Por dónde empezarías?

—¡Joder, está claro, por el castillo! La putada es que muchas de sus piedras fueron utilizadas para construir algunas casas en el siglo XIX, y seguramente antes, pero la cantera de donde se extrajo la roca original todavía existe.

—¿No tiene propietario el castillo?

—Claro: Alameda —respondió Víctor sonriente—. Pertenece al pueblo, al Ayuntamiento, pero Mariano, el alcalde, no pega ni sello. No va a colaborar en nada, ya te lo aviso. ¿Te acuerdas de Mariano?

—Creo que sí, ¿no era el hijo del anterior alcalde? Me parece recordar que no tenía muchas luces.

—¡Bingo! Pues lleva como diez años en la poltrona sin merecerlo, pero la gente le vota por costumbre, es casi una tradición. Puede que lo recuerdes medio alelado, pero se ha sabido espabilar.

—Pues no parece que sea un gran administrador.

Víctor rio antes de contestar.

—Mira: o se gasta el presupuesto del Ayuntamiento en lupanares de la capital, o es incapaz de conseguir que el Gobierno nos adjudique dinero para obras, o lo que recibe lo mete debajo de su colchón, o lo reparte entre sus amigos... ¡a saber! Si eres capaz de sacarlo de la casa consistorial, nos harás un favor a todos.

—Pues no me extraña que Alameda esté como está —suspiró Martín—. Tenemos que cambiar muchas cosas, me parece a mí. ¿Hay alguna manera de contactar con los vecinos que se fueron a la capital?

—Tengo el contacto de varios de ellos, además, no pueden ni ver a Mariano. Estaría bien saber si todavía siguen empadronados en Alameda y tienen derecho a voto.

—Estoy convencido que muchos se arrepienten de haberse ido —comentó el alcaldable—. Con la crisis, seguro que más de uno, y de diez, está pagando alquileres ultrajantes, y posiblemente muchos estén en paro. Si se les ofrece trabajo aquí, volverán corriendo. Si queremos repoblar nuestro pueblo, habrá que ir pensando también en restaurar la escuela.

—¿Volverán, dices? Si no hay hijos o todavía son pequeños sí que hay posibilidades. Pero si son ya adolescentes, eso ya es otro cantar. Lo veo más jodido que regresen. Esos chavales son más de ciudad que de pueblo y tendrán sus propios proyectos de vida; en cambio los pequeños se adaptan mejor. Y está claro que hay que rehacer el colegio, hará cosa de cinco años que lo cerraron por falta de alumnos, y entonces ya se caía a pedazos. Los pocos críos que nos quedan tienen que ir a estudiar en autobús, a quince kilómetros de aquí.

—Bueno, pues ponte en contacto con la tal Isabelle, la arquitecta. Proponle que venga a Alameda para que haga un estudio. Yo me encargaré de pagar su sueldo, alojamiento no hace falta, ya que tiene casa propia. Necesitaré también que vayas contactando con los vecinos que tuvieron que irse de Alameda a buscarse la vida. Les mantendremos bien informados de nuestros propósitos y de nuestros avances.

—Vale, su señoría, tomo nota.

Martín soltó una sonora carcajada antes de continuar.

—Bueno, tengo la casa que parece una mina de carbón abandonada. Me gustaría ir restaurándola poco a poco. De momento necesitaré alguien que quite las telarañas y el polvo centenario. También a un deshollinador que limpie los conductos de las chimeneas, para poder calentar un poco estas paredes. Cada vez que enciendo leña se me llena toda la casa de humo. Cuando llegue Isabelle ya le pediré consejo y presupuesto para el resto de la casa.

—Hoy mismo la llamo, a ver si hay suerte y no está ocupada —dijo Víctor mirando el reloj del móvil—. Oye, hablando, hablando se acerca la hora del almuerzo, sería cuestión de empezar a pensar en comer algo. Si no quieres volver al mismo menú de la taberna, te invito a mi casa. Paso por la carnicería y compro algunas costillas de cordero y morcillas, podemos hacer una barbacoa.

—Pues me apetece mucho carne a la brasa, ¡buena idea! —respondió Martín notando que su estómago pedía a gritos algo de comida—. ¿Te importaría que invitara también a Héctor? Ya sabes, el que fue nuestro maestro.

—Encantado de que venga. Siempre consideré que él habría sido el alcalde perfecto... Se lo propuse una vez, hace años, pero la idea no le gustó nada.

Él prefiere estar encerrado en su casa rodeado de sus libros y sus fantasmas.

9. SEGUNDO ESCALÓN: SER RECONOCIDO

Víctor era un anfitrión a la vieja usanza, no permitía que nadie le ayudara en los preparativos. Héctor y Martín estaban en su casa, eran los invitados, y lo único que podían hacer era disfrutar del vino que les sirvió e ir comiendo las aceitunas, los embutidos y el resto de aperitivo que había puesto en la mesa.

—¿No habíamos quedado en que el alcohol quedaba solo para las celebraciones? —comentó Martín cuando vio que su amigo sacaba una botella de tinto, la descorchaba y la ponía en la mesa.

—Estamos en la comida, una barbacoa sin vino es como una guitarra sin cuerdas y, además, hay algo que celebrar, claro que sí —respondió Víctor—. Tenemos un proyecto en Alameda, ¿te parece poco? Aquí hace años que no se movía ni una hoja, ahora se acerca un huracán, y esa tormenta tropical se llamará Martín Roca, el nuevo alcalde.

—Brindo por ello —dijo Héctor levantando su vaso—. Por la revolución de mis viejos alumnos.

Víctor se centró en el fuego y la carne mientras Héctor y Martín disfrutaban de la tranquilidad del jardín de Víctor. A Martín le sorprendía que la mayoría de las casas antiguas de Alameda tuvieran jardín, teniendo en cuenta que a pocos metros tenían prados y bosques.

—Tienes mucho trabajo por delante —dijo Héctor sacando a su antiguo pupilo de sus pensamientos—. ¿Qué tal andas con el tema de conocerte a ti mismo?

Víctor movió la cabeza con un gesto entre decepcionado y dubitativo. En el fondo de su corazón no acababa de entender la presión de Héctor para que se conociera mejor y con su mejor mano izquierda así se lo hizo saber.

—Te voy a contar una cosa —le dijo Héctor— que te ayudará a aclarar tus ideas. Cuando hablamos de la huella que dejan las personas nos referimos en la mayoría de los casos a aquello que vemos, y resulta muy natural pensar que mejorando la visibilidad también lo hará nuestra marca personal, y esto es un gran error.

»Nuestra marca, la huella que dejamos en el corazón de los demás, es muy parecida a un iceberg, porque tiene una parte visible y una oculta y cuanto más grande es esta última, mayor es la primera. ¿Por qué crees que el Titanic naufragó? —preguntó el maestro—. Si el tamaño del iceberg con el que colisionó hubiera sido igual a su parte visible no habría pasado nada o casi nada, algún rasguño en la pintura y unos cuantos cubitos de hielo echados al mar. Pero debajo de lo que se veía había una montaña hundida de hielo cuatro veces mayor, y fue esto lo que hundió al mayor transatlántico de la época.

»Debajo de tu parte visible están tu identidad, tus competencias, tus proyectos, tus sueños y la estrategia que hayas diseñado para conseguirlos. Cuanto más trabajes todos estos conceptos, más visible lograrás ser. Si solo gestionas tus redes sociales a palo seco sin haber hecho el trabajo previo, nunca serás una marca, serás un objeto, un artefacto que los demás usarán y tirarán cuando no les seas útil.

»La marca personal es el iceberg al completo. No existe lo uno sin lo otro. Espera un momento. Veo que has traído tu tableta, déjamela.

Martín extrajo la tableta de su bolsa de mano y se la entregó. Héctor empezó a teclear y le mostró una imagen:

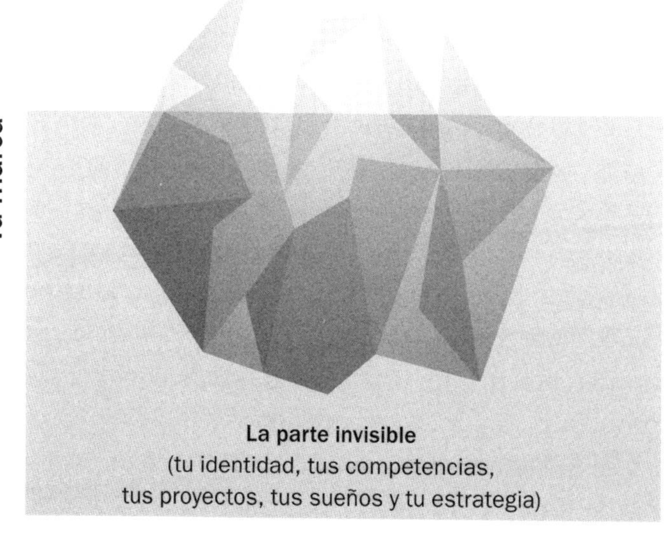

—Sí, me he estado estudiando, he observado mis propias reacciones tanto actuales como en el pasado. La verdad es que he entendido algunas situaciones con otras personas, también he visto cuán equivocado he estado demasiadas veces y las consecuencias que eso ha conllevado. Y también he visto claro que las demás personas no entendían lo que yo podía hacer por ellas. Al final he acabado siendo uno más cuando me habría gustado ser único. Ha sido una catarsis interesante, muy sana y reveladora.

—Pues ahora, lo que tienes que hacer es que los demás reconozcan tu marca personal —comentó Héctor dando un trago de vino—. Tu objetivo es ambicioso, en estos momentos eres como una gota dentro del agua del mar, invisible para los demás y, en tu actual coyuntura, no podrías dejar ninguna huella de tu paso en Alameda. Tienes que destacar, tienes que existir dentro del corazón y de la mente de tus vecinos y futuros votantes. El segundo paso que tienes que dar es, repito, que te reconozcan.

—Lo imagino —dijo Martín—. No sé cómo empezar, la verdad.

—Debes diferenciarte. Si te conocen pero no te distinguen de otras personas que son similares a ti, continúas estando perdido. Tienes que ser distinto y único ante todas las demás personas Nadie te prestará atención si no ofreces algo que solucione algún problema o cubra una necesidad.

—Bueno, en ello estoy, quiero hacer un inventario de toda la arquitectura monumental del pueblo, para saber a qué atenernos si hay que hacer muchas restauraciones.

—¿Restaurar Alameda? —preguntó Héctor gratamente sorprendido—. ¿También el castillo?

—Especialmente el castillo, puede ser un buen anzuelo para que pique el turismo —sostuvo Martín.

—Vas a necesitar mucho la confianza de la gente —empezó a analizar Héctor—. Ahora mismo no eres el centro del universo: si quieres que te tengan en cuenta, explícales de lo que eres capaz para mejorar sus vidas. Que estén convencidos de que votarte significará para ellos ser más felices, que valdrá la pena dejar la comodidad de la ciudad para volver a su antiguo hogar, los que estén fuera. Tendrán que ver que, gracias a ti, sus necesidades estarán cubiertas. Necesitas una buena propuesta de valor.

—La famosa propuesta de valor, ya me lo comentaste —dijo Martín.

—Exacto toda marca es una expresión de su propuesta de valor, de aquello que puede hacer para solucionar problemas a su público. La etapa de diferenciación es la que en los productos se llama *branding*, que es, ni más ni menos, que gestión de la marca.

—Haces que me vea como una cerveza —rio Martín.

—Bromas aparte, es el mismo principio —repuso Héctor también riendo—. Pero hay una diferencia entre tú y una cerveza.

—Más de una, espero.

—Una cerveza podrá ser excelente, pero no gustar a todo el mundo. Tú podrás probar la cerveza cuya marca te ha llamado la atención. Tal vez reconozcas que es de buena calidad, que está bien elaborada, que es un buen producto, pero aunque no te convenza por la razón que sea –porque no te gustan las cervezas muy tostadas o con mucho lúpulo–, jamás te considerarás estafado por el producto en sí. No será una gran decepción, vaya.

—Ya veo por dónde vas —se adelantó Martín mientras miraba a Víctor, que empezaba a poner la carne en la parrilla—. Yo sí que puedo ser una enorme decepción para los que confíen en mi marca, yo sí que puedo ser una estafa. ¿Vas por ahí, verdad?

—Exacto. Tú no puedes defraudar, no tienes derecho a ello, porque la gente te va a confiar su futuro. Una marca personal potente necesita tener detrás a una persona equilibrada en sus actos en cualquier ámbito en el que se mueva, sea personal, familiar, social o laboral, porque todo deja huella.

—Lo entiendo.

—Ahora te voy a poner contra las cuerdas. Te voy a hacer las preguntas que siempre tiene que hacerse cualquiera que pretenda tener su propia marca, son de manual. Si no eres capaz de responderte, mal empezamos, porque son la base.

—¡Ay, madre! —exclamó Martín—. Va, golpea.

—A ver, primero como persona: ¿Qué es lo que te mueve? ¿Qué es lo que te paraliza? ¿En qué crees?

—Pues...

—Espera, que hay más —continuó Héctor—. Hay que analizar con qué elementos podemos contar. ¿En qué eres bueno? ¿Qué características te definen? ¿Cómo puedes combinar tus cualidades? Ahora tu propósito, veamos también tu capacidad de visión: ¿cuál es tu sueño? Tienes una misión, ¿cómo la vas a realizar? ¿Cuáles son tus principios, tus valores? Básicamente, Martín, ¿vas en serio o eres un espejismo?

—¡Joder, Héctor! Eso... es una lluvia de golpes —se quejó Martín algo abrumado por el interrogatorio.

—No hace falta que me contestes ahora, de hecho, toma nota de esas preguntas, no te exijo que las respondas esta noche, ni mañana. Hay tiempo. Pero quiero que te las respondas a ti mismo. Personalmente, creo que ya tengo la respuesta. Te conozco y me parece que, a pesar de los años, no has cambiado en esencia. Tienes que tener en cuenta que detrás de una buena marca personal tiene que haber bondad, tiene que haber algo positivo, beneficioso para los que se interesen por ella.

Martín cogió un papelito de su cartera y apuntó con un bolígrafo todas las preguntas que le había formulado Héctor.

—Tengo trabajo que hacer —suspiró Martín.

—Parte de ese trabajo será tener una buena visibilidad y una estrategia para darte a conocer —remató Héctor.

—Lo sé, lo sé.

—Ve pensando también en quién puede apoyarte o recomendarte y en cómo puedes generar confianza a quien pueda beneficiarse de lo que quieres hacer.

—Tomo nota —asintió Martín.

—Víctor es el primero al que has convencido. A él, más que a nadie, no debes decepcionarle —sentenció el profesor.

En aquel momento llegó el mencionado con una bandeja de costillas de cordero y de morcillas.

—¡Al ataque, compañeros!

Los tres clavaron sus tenedores en la carne de cordero.

10. EL BUEN GUSTO FRANCÉS

Isabelle llegó al cabo de una semana. Le había interesado mucho el proyecto y, además, estaba en una situación personal en la que le iba a ir bien cambiar de aires. Dejar el cielo grisáceo de París por el azul de Alameda fue para Isabelle una oportunidad que no desaprovechó.

Se presentó en la taberna de buena mañana, mientras Martín y Víctor desayunaban. Aparcó el coche de alquiler en la plaza, entró en el local, se saludaron y tomaron juntos un café rápido. Cuando terminaron, ella se disculpó, tenía que pasar por su casa para deshacer el equipaje.

—¿Quieres dejar de poner esa cara de mentecato? —le dijo con ironía Víctor a Martín cuando se quedaron solos—. Si ponemos ese careto en los carteles electorales no te va a votar ni un jabalí. ¡Disimula un poco, hombre!

—¿Por qué dices eso? —preguntó Martín, algo ruborizado.

—Porque está claro que te ha impresionado, tarugo —rio Víctor.

—No sé, igual me ha recordado a alguien —respondió Martín intentando escurrir el bulto.

—¡Menuda excusa! Pareces Obélix enamorado... Aunque hay que reconocer que ella tiene algo especial. Hay personas que no son especialmente bellas, pero tienen magia en la mirada, una luz.

—Un aura —se emocionó demasiado Martín, provocando enormes risotadas en Víctor.

—Vale, vale, tranquilo, ya paro, no te cabrees —dijo Víctor secándose las lágrimas—. ¡Un aura!, nos ha jodido el poeta.

—¿La conoces mucho? —preguntó Martín intentando zanjar la hilaridad de su amigo.

—Si lo que quieres saber es si he intentado algo con ella, la respuesta es no. Desde que murió Helena he perdido el interés por estos asuntos. ¿Si está en el mercado?, pues no tengo ni idea. La conozco un poco porque yo también participé en las obras de restauración de la casa de sus abuelos. Es una mujer honesta, pagó a todos con un poco más de generosidad de lo estipulado. Es buena en lo que hace, dejó su casa como recién construida, utilizando los mismos materiales que hace cien o doscientos años. Sabía lo que quería y nos lo pidió con amabilidad. Yo respeto a quien me respeta.

—Oye, que solo preguntaba si la conoces mucho —protestó Martín todavía algo picado—. No me sueltes discursos, que no ha lugar.

—No te preocupes, los discursos serán cosa tuya, muy pronto —volvió a reír Víctor—. Eso lo dejo en tus manos.

—Cuidado que vuelve —se alarmó Martín.

—No te preocupes, no diré nada de su aura.

—Calla, ¡por favor! —rogó Martín muy azorado.

Cuando Isabelle regresó, los tres subieron al castillo. Martín llegó resoplando, ya que el camino era bastante empinado y él no era nada deportista, de hecho, le sobraban algunos kilos.

Estuvieron algunas horas tomando nota de lo que la arquitecta les iba diciendo, mientras inspeccionaba las ruinas. Martín no podía evitar sentir vértigo al ver como la francesa se encaramaba por zonas en las que él no habría subido ni que le hubieran amenazado con una pistola.

Martín calculó que ella debía estar muy cerca de la cuarentena, pero en su trabajo demostraba el entusiasmo de una veinteañera. Se notaba que le gustaban las piedras con historia. Más que tocar los muros, los acariciaba, y cada vez que encontraba algo en buen estado, soltaba alguna exclamación en francés que a Martín se le antojaba música para los oídos.

El alcaldable se sentó en una piedra y admiró la vista, era sensacional. Podía ver el río, los bosques de alrededor, los campos de cultivo, las montañas y los tejados del pueblo. Más que nunca, tuvo la sensación de haber vuelto a casa.

—Bueno —anunció Isabelle—. He echado un primer vistazo. No hay nada definitivo porque me gustaría hacer algunas pruebas, pero creo que os puedo dar dos buenas noticias y una muy mala.

—Empieza por la mala —dijo Víctor.

—Muy bien, no tenéis dinero suficiente para la obra faraónica que habría que hacer.

—Pues con esa mala noticia, las dos buenas quedan descalificadas —suspiró Martín—. Aunque, por tu sonrisa, me parece que tienes un as en la manga.

—La primera de las buenas noticias es que el castillo podría ser reconstruido, hay muchos casos en los que, por el mal estado, resulta completamente imposible. Es cierto que se tendrían que derribar del todo algunos muros e incluso alguna torre para volver a levantarlos de nuevo. Por cierto, muy importante: ni se os ocurra contratarme para restaurarlo de cualquier manera, me niego a utilizar cemento o materiales ajenos a los de su construcción original.

—Pero entonces será mucho más caro —analizó Martín.

—Sí, y mucho más lento —añadió Isabelle—. Si se hace como tendría que hacerse, la obra tardará muchos años en realizarse.

—Demasiados «mucho» —se lamentó Martín—, si queremos que el pueblo se beneficie del turismo, tenemos algo de prisa.

—Te equivocas, Martín —sonrió la francesa, triunfal—. La tardanza juega en nuestro favor. Que tarde una o incluso dos décadas en reconstruirse, tal como tiene que hacerse, dará puestos de trabajo a mucha gente de Alameda y, aunque los materiales sean más caros y el presupuesto os pueda parecer disparatado, no solo no tendréis que hacer una inversión mínima, sino que se va a autogestionar. Y esa es la segunda buena noticia que os quería dar. Tengo una idea, y además sé que funcionará porque he sido testigo de ello.

—Somos todo oídos —dijeron los dos amigos casi al unísono.

—Cuando tomemos el postre os la digo —propuso la francesa—. Invitáis vosotros.

11. TODAS Y TODOS A UNA

Después del postre llegó el café. Isabelle veía la impaciencia de Martín y Víctor en sus semblantes. Se echó el azúcar al café y empezó a removerlo con parsimonia. Saboreaba el momento. Tenía ganas de reír al verlos como un par de críos esperando un regalo el día de su cumpleaños. Soltó una carcajada y se apiadó de ellos.

—¿Habéis oído hablar alguna vez del castillo de Guédelon, en Francia? —les preguntó por fin.

—No me suena de nada —reconoció Martín.

—Cerca del pueblo de Treigny, a unas pocas decenas de kilómetros de Auxerre y unos 100 kilómetros al sur de París, se está construyendo una réplica de un castillo medieval, tal como se edificaba en los siglos XII y XIII. Las obras empezaron en 1997 y se calcula que no terminarán hasta el año 2020. Se están empleando las mismas técnicas, «maquinaria», herramientas y materiales que en la Edad Media. Incluso los trabajadores van vestidos con la indumentaria de la época. Toda, absolutamente toda la infraestructura es autogestionada.

—Pero, ¿cómo lo hacen? —preguntó Víctor muy interesado.

—Para acceder al recinto, ver el castillo y las obras, los visitantes pagan una entrada. Cada año, muchos turistas repiten y, de esa manera, pueden ver cómo avanza la construcción. Por esa razón resulta positivo que las obras tarden tanto tiempo. Los veraneantes pueden hacer sus propios reportajes fotográficos comparando las imágenes año tras año. Además, hay talleres de cerámica, vidrio, carpintería, forja de metales, herboristería, cultivos..., y toda la artesanía se vende, incluso cualquiera puede ver cómo se hacen los ladrillos y las baldosas de arcilla y adquirirlas para su propia vivienda. Todo hecho a mano. Alrededor del castillo en construcción, se ha ido creando una pequeña aldea medieval en la que están los artesanos. Hay también un restaurante, en el que se promueve la gastronomía de la región, y un teatro al aire libre en el que se pueden ofrecer conciertos, espectáculos de malabares, recitales de poesía y representaciones teatrales nocturnas a la luz de las antorchas, resulta mágico.

—Esto sería fantástico en Alameda —soñó despierto Martín.

—También hay huertos y un pequeño zoológico con los animales de la comarca, como en una granja —continuó Isabelle—. El dinero entra gracias a las entradas y a la venta de los objetos de artesanía. Con él se pagan los sueldos de los trabajadores y se compran los materiales, pero también habrá beneficios para el resto de Alameda, no solo para los que trabajen en la obra.

—¿Realmente funciona? —se interesó Martín empezando a notar como el entusiasmo se apoderaba de su ser.

—Esa zona de Francia estaba bastante empobrecida y despoblada, se dedicaba casi exclusivamente a la agricultura y la ganadería. Gracias al Castillo de Guédelon, el turismo ha aumentado, y recibe unas trescientas mil visitas anuales.

—¿Trescientas mil? —preguntó Víctor pasmado.

—Sí, seguramente más —respondió ella—. Los visitantes aprovechan para conocer otros pueblos y castillos de los alrededores. En el caso de Guédelon, se han conseguido unos sesenta puestos de trabajo fijos, solo en el castillo, pero es que cada año hay doscientos voluntarios que colaboran en las obras. No estoy segura de si pagan su estancia y sus comidas. En nuestro caso, podemos hacer que haya más trabajadores que voluntarios, aunque los que quieran colaborar también serán bienvenidos, como es lógico.

Martín escuchaba embelesado el torrente de entusiasmo de la arquitecta francesa. Los ojos azules de la mujer brillaban con tal intensidad que dolía mirarlos, y su acento francés estaba enamorando al futuro alcalde.

—Eso podría ser interesante también como objetivo de excursiones de escuelas de todo el país —comentó Martín—. Los niños pueden aprender historia, oficios tradicionales, artesanía...

—Y no solo la teórica, también la práctica —siguió Isabelle—. Se pueden dar clases y ofrecer títulos de ceramista, carpintero, cantero, escultor..., de lo que sea. Esa es otra entrada de dinero. En Alameda tenéis además buenos productos: vino, miel y un aceite de oliva excelente, entre muchas otras cosas.

—No olvides el queso de oveja —añadió Víctor.

—¡También! Pues tendríais que hacer parte de la producción de manera tradicional, que la gente lo vea y compre el producto final. Podríais crear además un mercado medieval, disfrazar al pueblo entero. No solo será muy divertido, sino que atraerá gente y recursos. Imaginad también un festival de música trovadoresca, otro de teatro... A partir de ahí, se pueden organizar muchos eventos diferentes que atraigan visitantes, inversores..., riqueza para todas y todos. También tenéis cereales, ¡pues a fabricar cerveza artesanal!

—Mmmm, cerveza... —exclamó Víctor imitando a Homer Simpson. Isabelle extrajo su tableta y les mostró algunas fotografías de las obras del castillo de Guédelon. Después de contemplarlas, Víctor y Martín se miraron sonrientes.

—Me gusta, me gusta mucho —sentenció Martín.

—Sin embargo, es verdad que hay que hacer una primera inversión —avisó Isabelle—. Hay que construir las grúas de madera, andamios, comprar las primeras materias primas, herramientas, incluso el vestuario. ¿De dónde sacaremos el dinero para esta primera inversión? Todavía no eres el alcalde.

—Prepara el presupuesto, no te preocupes por ese dinero —la tranquilizó Martín—, creo que lo podré asumir por un tiempo.

—Hoy mismo llamaré a Jacques Moulin, es el arquitecto jefe del proyecto del Castillo de Guédelon y da la casualidad de que es amigo mío. Me podrá enviar copias de los planos para construir las grúas, las norias, los andamios de madera...

—Consulta lo que quieras con él —dijo Martín—, pero el proyecto quiero que lo hagas tú, y me parece que Víctor está de acuerdo conmigo. Aunque seas francesa, eres parte de Alameda, le tienes cariño a este villorrio. Me dijo Víctor que tus abuelos, los Riba, eran de aquí.

—Sí, tuvieron que irse por culpa de la Guerra Civil.

—Como tantos otros... —pensó Martín en voz alta— Entonces, Isabelle... ¿entras en el proyecto?

—¡Si no aceptas, te secuestramos! —proclamó Víctor— ¡Matías, trae una botella de cava que tenemos algo que celebrar! ¡Vamos a ser un equipo más que cojonudo!

—Acepto encantada —anunció Isabelle.

12. ESTRATEGIA Y VISIBILIDAD

Cuando Isabelle se despidió para ir a su casa, descansar un rato y empezar a hacer llamadas, Martín propuso a Víctor dar un paseo por el bosque. Salieron del pueblo y se metieron en la arboleda. Durante un rato, los dos disfrutaron del silencio, roto únicamente por el viento que acunaba el follaje de las ramas y el trino de algún pájaro.

—Tienes que pensar en el *marketing* —dijo Víctor rompiendo su contemplación—. Tenemos que ver cómo te vas a dar a conocer y cómo te vas a promocionar.

—Y cómo lo voy a contar.

—Necesitarás visibilidad en las redes sociales y en la prensa local —analizó Víctor—. Ya sabes que aquí no hay periódico, pero hay un diario comarcal. Aunque parezca extraño, aparte de utilizarlo para encender las chimeneas y las barbacoas, solemos leerlo. Sería un primer paso.

—Siempre fuiste muy bueno redactando, tienes alma de escritor y de periodista —le recordó Martín—. Podrías ir preparando un artículo con nuestras intenciones. Estaría bien crear una buena página web, un blog, un perfil en Facebook, Twitter, LinkedIn…, lo que sea. Y deberías hacerme una entrevista.

—¿Una entrevista?

—Tú hazme preguntas que creas que pueden servir para que la gente empiece a confiar en nuestro proyecto y en mí como alcalde.

—Si quieres, te las hago ahora mismo —se ofreció Víctor—. Mi móvil tiene grabadora.

—¿Por qué no?

Se sentaron sobre un tronco caído en un claro del bosque. Ambos recordaron que por aquella zona solían jugar a comandos y construir cabañas con ramas cuando eran pequeños. Ahora se habían acabado los juegos, tenían un gran proyecto entre manos.

—Venga, pon en marcha la grabadora y preséntame ante nuestros vecinos — dijo Martín.

—A ver, que me has pillado fuera de juego. Espera que piense.

Entonces Martín recordó las preguntas que le hizo Héctor y que todavía no se había respondido. Extrajo su cartera del bolsillo, desplegó el papel y se lo entregó a Víctor.

—Toma, aquí tienes el interrogatorio que me hizo nuestro profesor el día de la barbacoa en tu casa.

Víctor leyó el papel, asintió con la cabeza, sacó su móvil del bolsillo y conectó la grabadora.

—¿Qué es lo que te mueve o motiva? —empezó el periodista.

—Las ganas de cambiar todo lo que no funciona, salir de la modorra, potenciar nuestra riqueza para que nuestro pueblo sea próspero con sus propios recursos. Además, lo hará nuestra gente, nos demostraremos que somos capaces de lo que sea.

—¿Qué te paraliza? —preguntó Víctor.

—Creo que nada me podría paralizar. Nunca he sido perezoso o cobarde. Si tengo que luchar contra el inmovilismo, lucharé. Si tengo que enfrentarme a tradiciones absurdas que no sirven para nada, me enfrentaré a ellas. Si los intereses de la mayoría chocan con los intereses de una minoría privilegiada, intentaré mediar con dicha minoría para hacerles ver que todos podemos salir beneficiados. Estoy dispuesto a dialogar, seducir, convencer con el ejemplo.

—¿En qué crees?

—Creo en la honradez de las personas y creo en la fuerza de la unión. Si todos luchamos para conseguir que Alameda tenga futuro, lo tendrá. Yo he visto la tremenda fuerza que tiene un pueblo cuando se une por un objetivo común. No hay quien lo pare. Una sociedad puede estar adormecida por creer que tiene mucho que perder mientras unos pocos se aprovechan económicamente de este sopor. Hay que combatir la corrupción, el conformismo y el inmovilismo. Somos muy fuertes, solo debemos quitarnos las legañas de los ojos para ver más allá del horizonte.

—¿En qué eres bueno?

—Bueno, esa pregunta ya me la hizo Héctor... Soy bueno llevando a la realidad proyectos que pueden parecer abstractos. Me gusta rodearme de personas en las que confío, que tengan habilidades mejores que las mías para poder delegar en caso necesario. Mi marca no soy solo yo, hay y habrá siempre un buen equipo conmigo.

—Eso me incluye —apuntó Víctor de manera teatral—. Sigamos, ¿qué características te definen?

—Soy una persona que sabe reconocer errores, que aprende cada día de los demás y dispuesta a mejorar constantemente. Por ejemplo, estoy aprendiendo a escuchar más a la gente. Soy sincero y tengo una voluntad de hierro, si empiezo un proyecto, sigo adelante con él, no me canso a medio camino.

—¿Cómo puedes combinar tus cualidades?

—Adaptándome a las situaciones que se me presenten. ¿Recuerdas lo que dijo Bruce Lee cuando habló del agua? —preguntó Martín a su amigo.

—Creo que sí, me suena.

—«Vacía tu mente, se amorfo, moldeable, como el agua. Si pones agua en una taza, se convierte en la taza, si pones agua en una botella se convierte en la botella, si la pones en una tetera se convierte en la tetera. El agua puede fluir o puede aplastar. Sé como el agua. Amigo mío, el agua que corre nunca se estanca, así es que hay que seguir fluyendo».

—Y yo que creía que Bruce Lee solo repartía bofetadas y resulta que era todo un filósofo zen.

—Ya ves que las apariencias engañan —apuntó Martín.

—Bueno, bueno, a ver cómo resultas como visionario... —continuó el periodista—. ¿Cuál es tu sueño?

—Que Alameda vuelva a tener sus casas ocupadas por gente con trabajo, que la escuela se reabra y vuelvan a verse críos jugando en la plaza y bañándose en el río. Que dejemos de estar aislados, que para comprar un libro no tengamos que recorrer quince kilómetros. Tal vez no seremos los mejores en nada, pero tendremos un poco de todo.

—¿Cómo vas a llevar a cabo tu misión?

—Presentándome a la alcaldía en las próximas elecciones municipales, que están al caer. Si quieres, Víctor, puedes poner un enlace con toda la información sobre el proyecto del castillo y demás edificios monumentales.

—Vale, sin problemas... ¿Cuáles son tus principios?

—Sinceridad, honradez, empatía y amor por mi pueblo.

—No me convence, suena demasiado tópico, incluso demagogo —soltó Víctor—. Cúrratelo un poco más, venga.

—Puede ser que suene tópico, pero es lo que siento —repuso Martín—. Verás, digo sinceridad porque he visto el daño que pueden hacer la mentira y la calumnia. No sabes cuánto las odio, además de que no tengo nada que esconder, considero que antes se atrapa a un mentiroso que a un cojo, deberíamos tener en cuenta el refranero. Me considero honrado porque me he ganado el dinero que tengo trabajando. Ni me gusta ni me hace ninguna falta robar dinero público, lo que yo quiero es recuperar mi pueblo, ver a mi gente feliz y tranquila. Digo empatía porque tengo por costumbre ponerme en la piel de los demás. Mis padres emigraron a Estados Unidos y yo tuve la suerte de hacer cierta fortuna. Sé lo que es abandonar tu tierra. Los que han tenido que irse a la capital, y se enfrentan ahora a esta crisis monstruosa, tal vez no tengan las mismas oportunidades que yo tuve. Me veo más que capacitado para aplicar en el Ayuntamiento de Alameda los conocimientos que adquirí al frente de mi empresa. No pienso lavarme las manos y ver como todo a mi alrededor se ensombrece todavía más. Me parece que sobra decir que amo a mi tierra y la gente de mi pueblo, ¡me crie aquí, joder!

—Vale, bien. Eso de «joder» lo elimino. Tendrás que cuidar un poco tu lenguaje cuando te entrevisten otros que no sea yo —dijo Víctor.

—Pues anda, habló el fino.

—Cuando cumpla mi papel de portavoz, no te haré quedar mal. No te preocupes. Te iba a preguntar si tienes un precio, si se te podía comprar, pero creo que no hace falta. Lo que no tengo claro es si eres consciente del fregado en el que estás a punto de meterte.

—Capearé el temporal. No será la primera vez que tenga que plantar cara a las dificultades.

—Las preguntas de Héctor son buenas —opinó Víctor—. Deja que te haga un par de mi propia cosecha. Esta que te voy a hacer ahora no entrará en la entrevista, pero quiero saber la respuesta. Has dicho que no tienes nada que esconder, ¿estás seguro? Me refiero a si no tienes nada pendiente en Estados Unidos o eres consumidor habitual de pornografía, drogas, antidepresivos o canelones de estiércol. No nos encontraremos con ninguna sorpresa, ¿verdad?

—Nada, no tienen por dónde pillarme.

—Dinero está claro que no —continuó Víctor—, pero, ¿es poder lo que ambicionas?

—Para nada, la alcaldía es solo una herramienta. Dejaré mi cargo cuando ya no se me necesite. Yo solo aspiro a vivir tranquilo en Alameda, poder saludar a mi gente en la calle y... —añadió riendo— ¡casarme con Isabelle! Eso no lo pongas, no lo pongas, por favor.

—Vale, colega... —ironizó Víctor— casarte y meterte en política. Extraño concepto tienes tú de la tranquilidad. Por cierto, ¿empezamos solo por el castillo o ya quieres embarcarte en restaurar la escuela y otros edificios monumentales?

—Mira, mejor de menos a más. He estado consultando páginas que me ha aconsejado Héctor. Siempre que sea posible, hemos de empezar por la versión más simple de nuestra oferta de manera que sean nuestros propios seguidores los que pidan más al darse cuenta de que lo que haremos les aportará valor. En lenguaje de las *lean start up* se llama producto mínimo viable.

—¿Y qué pasa si falla?

—En un entorno clásico, normalmente abandonamos porque, fruto de la planificación previa, ya hemos invertido tanto que el cambio se hace complicado; en cambio, en una mentalidad de *lean start up* cambiamos de rumbo, pivotamos para tomar un nuevo enfoque. En los proyectos, como en la vida, la posibilidad de pivotar nos hace flexibles, adaptables y capaces de evolucionar para tener éxito y no desaparecer.

—¡Menudo vocabulario! —rio Víctor—, diría que ya eres todo un experto en marca personal.

13. PRIMEROS RESULTADOS

Una semana después, apareció en el periódico comarcal la noticia de la candidatura de Martín y el proyecto de reconstrucción del castillo. En ella también se explicaba la historia de la fortaleza, que se remontaba al siglo XII.

La casa de Martín era un desbarajuste, porque había empezado las obras para adecuarla mínimamente. Tuberías, baño, cocina, techos y tejado necesitaban reparaciones urgentemente, e Isabelle ya trabajaba en ello, junto con algunos vecinos contratados.

—Martín, ¿estás por ahí? —gritó un recién llegado que entró en la casa sin llamar—. La puerta está abierta.

Martín reconoció en seguida a Mariano, el alcalde de Alameda. No había cambiado demasiado, a pesar de llevar una barba canosa. Se paseaba por su casa husmeando tranquilamente, con las manos en los bolsillos.

—Hombre, Mariano. ¿Qué te trae por aquí?

—Más que nada, saludar al recién llegado —respondió con algo de retintín—. Y de paso conocer mejor al que va a ser mi rival durante las elecciones.

A Martín se le encendieron todas las alarmas. Sabía que Mariano iba a ser el principal problema que tenía que vencer. Nadie cede el poder a otro sin presentar batalla.

—Aquí hay mucho follón con las obras —propuso Martín—. ¿Te apetece tomar una cerveza en el jardín?

Mariano accedió y atravesaron el caos de la casa para salir al descuidado jardín.

—He hecho que corten todas las malas hierbas, pronto plantaré césped y ya me curraré un huertecillo —informó Martín al alcalde—. Todavía hay mucho que hacer, pero al menos aquí se está tranquilo.

—A ver, Martín. ¿Qué es lo que pretendes exactamente? —preguntó el alcalde con cierta brusquedad.

El rival le respondió básicamente con la información que había sido publicada en la prensa y en las redes sociales. Prefirió omitir la mayoría de los detalles y guardarse unos cuantos ases en la manga.

—Sin mi colaboración lo tienes difícil, ¿lo sabes?

—Mariano, se trata de que este pueblo recupere parte de la gente que se ha ido y que vengan nuevas familias. Eso será positivo para todos, también para ti y los tuyos. Se trata de que la prosperidad llegue a todo Alameda. Tú puedes participar en el proyecto, si lo deseas. Deja que sea el nuevo alcalde, contaré contigo y con tu experiencia. Si prefieres ir a elecciones y ganas tú, podrás contar conmigo para lo que sea. Si gano yo, te pido que seas tú quien colabore.

—No he visto con qué partido te vas a presentar.

—Con ninguno —respondió Martín—. No confío en ninguno de ellos. Todos están podridos por la corrupción y sé que, si me uno a cualquiera, tendré que pagar los «favores» que me hagan. Presento una candidatura del todo independiente. ¿Qué me dices?

—Bueno, ya hablaremos. Todavía queda algo de tiempo para decidir. Te adelanto algo, el castillo y las tierras que lo rodean pertenecen al Ayuntamiento. Si hay que poner una taquilla, de momento, lo que se recaude irá a las arcas municipales. Haz las inversiones que quieras, yo te daré los permisos, pero mientras yo sea el alcalde de Alameda, el dinero de la taquilla lo administrará el Ayuntamiento.

Mariano agradeció la cerveza, se despidió y salió de la propiedad de Martín directamente por la puerta del jardín.

—No te fíes una mierda de este tío —dijo Víctor, que había escuchado toda la conversación desde la entrada del jardín sin ser visto—. He salido un momento para fumar un cigarro y lo he oído todo. Este se ha acojonado al ver toda la información que hemos colgado en Internet y ha venido a marcar territorio. Si te tiene miedo, es que hay algo muy claro: sabe que puede perder.

El sábado trajo una sorpresa más agradable por la mañana. Varias familias que habían emigrado a la capital y otras ciudades acudieron a Alameda para ver qué estaba ocurriendo en el pueblo. También llegaron otras gentes que jamás habían situado la pequeña población en el plano de carreteras. Querían saber más sobre el castillo. Subieron a él y se fotografiaron entre las ruinas.

Aquel fin de semana, a Matías, el tabernero, no le quedó otro remedio que quitar las telarañas y limpiar las habitaciones que tenía disponibles y, si hubiera tenido en condiciones las demás, también las habría ocupado. No dio abasto con las mesas y con la cocina. Tuvo que enviar a Marcela, su mujer, a la carnicería para poder hacer más estofados y asados de los que había cocinado en los tres últimos meses. Se le acabó la cerveza de barril y sus reservas de vino embotellado se vieron seriamente reducidas.

—He hecho más dinero en un fin de semana que en todo el invierno —le informó Matías a Víctor—. Si esto lo ha provocado tu amigo Martín, voy a hacer todo lo posible para convencer a todos mis parroquianos para que le voten. Hacía años que no se veía tanta vida en Alameda. ¡Si hasta hay chavales jugando en la plaza! La semana que viene voy a poner en marcha y llenar otra vez la nevera de los helados. Si es que funciona, la pobre.

No solo la taberna hizo el agosto en un par de días. Las cooperativas de vino, aceite y queso vendieron sus productos a ese primer alud de visitantes que tuvo el pueblo. Incluso abrieron el domingo para aprovechar el filón.

Algunos de los que habían abandonado Alameda para ir a probar suerte en la capital y otras poblaciones, fueron a visitar a Martín en su propia casa para felicitarle por el proyecto. Martín les ofreció a todos poder participar en ello y consiguió enrolar a unos cuantos. Tal como había imaginado, las grandes ciudades no ofrecían la panacea. Muchos estaban cobrando el subsidio del paro y pagaban alquileres obscenos por pisos de cuarenta metros cuadrados. Mientras tanto, el dinero de los pocos ahorros que tenían se les terminaba.

—Nos has dado esperanza —dijo David, uno de esos antiguos vecinos—. Después de doce años fuera del pueblo, estoy casi igual que cuando me fui, pero con una familia que mantener, casi cincuenta años en mis huesos y sin trabajo. Tuve cuidado de mantener la casa de mis padres en el pueblo, así que cuenta conmigo.

Martín había fichado a David para el proyecto. Era un técnico en seguridad laboral, así que iba a ser imprescindible para evitar accidentes de los trabajadores en la obra del castillo.

No fue el único que ese mismo, ya histórico, fin de semana decidió volver a sus orígenes. Martín consiguió que cuatro familias decidieran reinstalarse en Alameda. Aunque, de momento, los hijos iban a terminar el curso escolar en la ciudad, porque estaba pendiente el tema de la escuela abandonada. Y eso solo era el principio, porque el fin de semana siguiente se prometía aún más movido.

Víctor, siguiendo una sugerencia de Héctor, había avisado no solo a un par de periódicos, también se había puesto en contacto con emisoras de radio y una cadena de televisión autonómica. La radio no hizo ningún caso a este primer aviso, pero sí que lo hizo la cadena de televisión. Se presentaron con sus cámaras y su conocida presentadora, hicieron un pequeño reportaje de Alameda y su castillo y entrevistaron a un entusiasta Martín. En el noticiero del mediodía del lunes, la cadena de televisión puso en antena el reportaje sobre Alameda y la entrevista. Martín, Víctor e Isabelle lo vieron en el televisor de la taberna. Todos los presentes aplaudieron en cuanto acabó la emisión y felicitaron efusivamente a Martín y a su equipo.

—Yo también te felicito, y a ti, Víctor —dijo una alegre Isabelle a Martín—. Habéis creado más expectativa que un partido de fútbol.

—Pues tiene mérito —le respondió Martín igual de contento—, porque jamás me ha gustado el fútbol.

—A mí tampoco —rio la francesa—. Me parece que tenemos muchas cosas en común. Eso está bien.

Martín sintió un cosquilleo en el estómago y notó como su corazón se aceleraba.

Se acercó también Marta, la hija de veinte años de Matías.

—Oye, Víctor, ¿no crees que sería buen momento para hablar de lo del terreno de mi padre?

—¡Joder, pues claro! —graznó el jefe de prensa entusiasmado—. Ya ni me acordaba.

—¿Qué pasa? —preguntó Martín.

—Cuéntaselo tú, Marta —le ofreció Víctor a la chica.

—¿Te parece bien, papá? —preguntó la chica a su padre. Matías asintió con la cabeza.

—Como tú veas, hija.

—Hará cosa de unos veinte años, antes de que mis padres tuvieran que hacerse cargo de la taberna de mis abuelos, mi padre tuvo la idea de hacer un camping no muy lejos del río, pero protegido de las crecidas, en un terreno de la familia.

—Empezamos a hacer las obras —añadió Matías desde la barra, mientras secaba vasos con un trapo—, pero murió mi padre y tuve que hacerme cargo de la taberna. Todo quedó parado. Si quieres, Martín, podemos llegar a un acuerdo. Pero solo si tú ganas las elecciones.

—¡Un camping! —analizó Martín—, pues claro. Necesitamos más sitio para alojar a todos los que vendrán.

El optimismo flotaba en el aire. Alameda estaba en el mapa, Martín ya era un personaje reconocido entre sus paisanos e Isabelle le había dicho que tenían muchas cosas en común, y que eso estaba bien.

14. EL TERCER ESCALÓN: SER MEMORABLE

A pesar del optimismo, al día siguiente, Martín no dejaba de pensar en la conversación que había tenido con Mariano. Le había dejado un poco de mal sabor de boca. Enfrentarse cara a cara con la mediocridad humana siempre deja un cierto tufo a corrupción. Un político que es incapaz de pensar antes en los demás que en sí mismo tiene la madera carcomida.

El bosque siempre fue un bálsamo para Martín, y allí se dirigió para sentir el silencio y el aroma de la resina. De camino se encontró a Héctor, que llevaba la misma ruta y una pequeña cesta consigo.

—¿Qué tal, Héctor? —preguntó Martín—. ¿Vas a buscar un poco de tomillo o de romero?

—Pues no, ya tengo la despensa llena. Lo que tengo ganas de recolectar son espárragos y setas.

—¿Setas, en primavera? —se sorprendió el alumno—. Yo pensaba que la temporada era más bien en otoño.

—La colmenilla es seta de primavera y es un manjar. ¿Me acompañas y te enseño a encontrarlas?

Martín accedió y caminaron en silencio un rato. De repente, Héctor se detuvo, soltó una exclamación de alegría y cogió del suelo del bosque unas setas de extraña forma, realmente parecían pequeñas colmenas de abejas. El profesor las cogió con mimo.

—Ahora entiendo por qué se llaman colmenillas —dijo Martín.

—Ya verás cuando las pruebes —anunció el profesor—. ¿Por qué no vienes esta noche a mi casa y las cenamos? Invita también a la arquitecta francesa, tengo la sensación de que hay cierta complicidad entre vosotros.

—Vaya, parece que se me ve demasiado el plumero —rio Martín—. Oye, pues encantado, tengo curiosidad por comerlas.

—Por cierto, parece que vas muy bien con tu marca personal —comentó Héctor—, y todavía no ha empezado la campaña electoral.

—No me quejo.

—Has sabido darte a conocer y ser reconocido por la gente de Alameda. Has subido muy bien los dos primeros escalones. Ahora deberías tener en cuenta el tercer escalón: ser memorable.

—Te escucho —dijo Martín.

—Tú ya tienes una propuesta de valor que te diferencia de los demás y la has contado de manera muy clara. Has tenido mucha suerte, porque la gente necesita trabajo, y ya has captado a unos cuantos vecinos que confían en ti y están dispuestos a votarte. También es verdad que muchos otros alametanos vinieron, se sacaron una foto con el castillo y se volvieron a su residencia habitual. Hay vecinos que ya tienen trabajo y las cosas no les van mal, todas esas personas ahora mismo no te necesitan. A ellos el castillo casi les trae sin cuidado y están acostumbrados a Mariano, el actual alcalde. Son los conformistas que piensan que más vale malo conocido que bueno por conocer. Cuando llegue el momento de las elecciones, es posible que decidan votar a tu contrincante por la sencilla razón de que se han olvidado de ti.

—Bueno, muy pronto empezarán los trabajos en el castillo —se defendió Martín—. Eso dará que hablar, aunque no necesiten un puesto de trabajo o no vendan sus productos a los turistas.

—Martín, tienes que llegar a la mente y al corazón de todos los que viven en Alameda. Tal como decía Saint Exupéry, lo esencial se guarda en el corazón. Aparte de un beneficio más que evidente, que es la reconstrucción del castillo y todo lo que representa, todos tienen que recordar por qué lo haces; tienen que tener siempre en cuenta tus valores, así te tendrán en cuenta. Recuerda que eres alguien distinto a todos en este pueblo, eres muy valiente por lo que vas a hacer. Recuerda también que transgredir las normas y ser iconoclasta alimenta la imaginación y refuerza la marca. El rebaño nunca deja huella individual y, en su estampida, destruye lo que encuentra a su paso.

—Bueno, soy casi extranjero, y las tradiciones, leyes o normas injustas que han provocado que Alameda esté como está me las voy a saltar a la torera. En cuanto a los beneficios, siempre es positivo que haya prosperidad en cualquier población. Si las obras del castillo ayudan a un sector importante de la comunidad directamente, también afectarán de manera indirecta a los demás, aunque no sea a nivel económico.

—¡Correcto! —afirmó Héctor—. Encárgate de que todos tengan eso en cuenta cuando llegue el momento. Aparte de eso, creo que faltan detalles en tu estrategia de marca.

—¿Por ejemplo?

—El precio de venta. Si fueras una cerveza, ¿cuánto costarías?

—¡Otra vez la cerveza! Héctor, mi marca no vale dinero alguno —respondió Martín—. Votar no cuesta nada.

—Perdona, pero los que vayan a confiar en ti sí que van a pagar un precio, y bastante alto.

—¿A qué te refieres?

—Los que te voten y decidan volver a Alameda para embarcarse en tu proyecto, deberán abandonar su vida actual, su rutina en la ciudad, tendrán que dejar de ver a sus amistades, deberán trasladarse... Eso es un cambio importante en cualquier vida, aunque sea para mejorar. Esto no va a ser un camino de rosas para nadie, tienes que asumir que habrá un precio. De ti dependerá que valga la pena el hecho de pagarlo.

Héctor consiguió en poco menos de una hora llenar la cesta con setas primaverales y un buen manojo de espárragos de monte.

—Por cierto, también deberías buscarte embajadores de marca —dijo Héctor de repente.

—¿Embajadores de marca?

—Ocurre lo mismo en las empresas: la gente no confía en ellas. Es muy posible que algunos desconfíen de tu mensaje y de tu proyecto. Necesitas que gente de tu confianza hable por ti.

—Personalidades de Alameda —supuso Martín.

— Las personas que son capaces de dejar una huella en el corazón de los demás cuidan su marca personal. Dejar huella es sinónimo de ser conocido, reconocido y memorable, y quien deja huella tiene todas las probabilidades de ser tenido en cuenta y de ser elegido frente a otros que pueden hacer actividades similares.

»Las empresas, o proyectos como el tuyo, que quieran tener mayor voz en su mercado, deben utilizar amplificadores de su mensaje, que actúen como abanderados y se conviertan en sus embajadores, y, en el caso de las empresas, estos son sus empleados. En tu caso, lo son tus colaboradores o los vecinos que tú ya sepas que se van a beneficiar, piensa en Matías, el tabernero. Haz que hablen, que seduzcan a los demás, que convenzan por ti a los que confían en ellos. Ya has hablado con unos cuantos, pídeles que se mojen por Alameda y por ti.

Una vez regresaron al pueblo, se despidieron y quedaron a la hora de cenar en casa del profesor.

Isabelle aceptó encantada la invitación y se presentó puntual en casa de Héctor con una botella de vino de Burdeos en la mano.

El viejo maestro resultó ser un cocinero excelente, y el sabor de las setas sorprendió a los dos invitados, que devoraron la crema de espárragos silvestres y la carne estofada con colmenillas. La botella que había traído la francesa desató la lengua de los tres comensales, que charlaron con tranquilidad, y casi lograron olvidar el castillo y la política mientras duró la reunión. Héctor era un hombre ya algo mayor y comedido, por lo que la velada se dio por acabada relativamente temprano.

Durante el camino de vuelta con Isabelle, Martín daba vueltas a una de las sentencias que había dicho Héctor al final de la cena, mientras estaban los dos solos porque Isabelle había salido un momento para fumar un cigarrillo:«Si caminas con los ojos y los oídos dispuestos a captar las oportunidades, si tienes claro lo que quieres, se te abrirán vías insospechadas para conseguirlo. En la vida, a veces, la distancia más corta entre dos puntos no es la línea recta.»

En aquel momento, la alcaldía no era «la oportunidad» que tenía en mente Martín, sino más bien la mujer que caminaba a su lado, y a quien se moría de ganas de abrazar. Muchas de las enseñanzas de Héctor se podían aplicar en todos los aspectos de la vida, también en la parte social y sentimental.

—Oye, el vino que has traído estaba buenísimo —comentó Martín para romper el silencio.

—Claro, es que el Chateau Margaux es uno de los mejores vinos de Burdeos y de Francia —respondió la arquitecta—. No os he traído cualquier cosa, pero la verdad es que me ha sabido a poco. Héctor es un hombre equilibrado y no ha propuesto abrir ninguna otra botella. Yo estaba tan a gusto con vosotros que me he quedado con ganas de beber un poquito más.

—Oye, si te apetece venir a mi casa —se atrevió a proponer el candidato notando que se le aceleraba el pulso—, todavía no tengo una buena bodega, pero compro un poco de vino en la taberna y lo abrimos, a mí también me apetece.

Además, no es nada tarde.

—No, no vayas a comprar —dijo Isabelle.

—Es un minuto —dijo como si nada Martín, pero rezando desesperado a todo el santoral, en el que no creía, para que ella aceptara.

—Tu casa está llena del polvo de las obras —dijo ella guiñándole un ojo—. La mía está en perfecto estado y tengo más botellas del mismo Burdeos.

15. LA MAGIA DEL FUEGO

Mientras Isabelle desempolvaba en su bodega y descorchaba una nueva botella de buen vino francés, Martín se encargó de encender la leña que ya estaba preparada en la chimenea.

Cuando las llamas empezaron a consumir los troncos, él se sentó en el sofá.

En un instante llegó ella con la botella y dos copas. Se quitó los zapatos y también se sentó en el sofá, aunque marcando una cierta distancia física. Martín había creído que la pasión desenfrenada se habría apoderado de ambos de inmediato al llegar a la casa, pero constató que, tal vez, se había dejado llevar por su imaginación y se había precipitado al sacar conclusiones.

Martín contempló a Isabelle. Estaba relajada y su rostro, iluminado por las llamas del hogar, mostraba una belleza serena.

Él estaba un poco nervioso, tenía unas ganas enormes de acercarse a ella, besarla y abrazarla..., pero al mismo tiempo le frenaba la prudencia. Si ella no deseaba ni besos ni abrazos, ni todo lo demás, y le había invitado a su casa sencillamente para disfrutar de un poco más de vino y conversación, metería la pata hasta las cejas y pondría en peligro todo el proyecto del castillo, del que ella era una pieza clave. Así que Martín se limitó a disfrutar el vino y contemplar el fuego.

—Cuéntame más cosas sobre ti —le pidió ella.

Martín le habló de su infancia en Alameda, de su amistad con Víctor y Helena y los proyectos que habían tenido de adolescentes. De su vida en Estados Unidos, de cómo había luchado para levantar su propia empresa, también de la pérdida de su padre y de la buena relación con su madre.

—Me has hablado de aficiones, amistades, de tus padres y de éxito en el trabajo —comentó Isabelle—, pero no me has dicho nada de tus novias, amantes, mujer o exmujer.

—La verdad es que nunca he tenido pareja estable, aparte de Susan. Sí que he ido teniendo algunas historias a lo largo de mi vida, pero no demasiadas. Y, antes de que me lo preguntes, Susan quería casarse, pero yo, en aquel momento, estaba más preocupado por las finanzas que por el matrimonio o tener hijos. Al final, ella acabó dejándome.

—¿Arrepentido? —preguntó ella cambiando de postura y mostrando, sin querer, algo de piel blanca bajo su falda.

Antes de responder, el alcaldable tragó saliva un poco ruborizado y deseando que ella no hubiera notado hacia dónde se había dirigido su mirada hacía solo un instante.

—Sí que lo estuve, además, conozco al hombre con el que se lio después de mí y me sentó fatal. Tuve un ataque de celos a destiempo y estuve bastante deprimido. Pero, con el paso del tiempo y la perspectiva, entendí y acepté su decisión. Ahora tenemos una buena relación, a distancia, eso sí. Afortunadamente, todo eso ya es agua pasada.

Isabelle, por su parte, le contó que ella se había casado muy enamorada con un hombre que tenía una marca personal tan arrolladora que, comparado con él, Martín se sintió acomplejado y poca cosa. El marido de Isabelle era un músico de gran reputación en Francia, había ganado los premios más prestigiosos y, además, era un actor tan famoso que hasta él lo había visto en un par de películas. Encima no es que fuese guapo, es que Brad Pitt a su lado era Nosferatu. Al descubrir aquello, Martín se sintió poco más que un insecto.

—Hasta que un día me enteré de que tenía una colección de amantes mayor que la de zapatos de Imelda Marcos —dijo ella riendo con tristeza—. Nos separamos hace un par de años. Por suerte, mi trabajo me apasiona. Reconstruir edificios históricos me ha reconstruido a mí. Te estoy muy agradecida por haberme incluido en este proyecto.

A Martín le pareció que aquellos preciosos ojos azules se humedecían por la emoción y, en ese momento, comprendió que si hubiera intentado seducirla habría quedado completamente en ridículo. Pero, entonces, ella volvió a hablar.

—Martín, sé que yo te atraigo —dijo ella en un susurro—, y yo también me siento atraída por ti. Tu entusiasmo, tu sinceridad y tu alegría contagiosa me desarman. Ahora mismo me apetece mucho besarte.

Martín estaba a punto de echar a volar con las orejas.

—Pero creo que es mejor que no mezclemos nuestra relación laboral con el placer —soltó ella arrojando sin piedad un cubo de agua helada en la cabeza de Martín.

Él quería decir algo, que lo entendía, que ella tenía razón y que el trabajo y el sexo eran una mezcla explosiva. Pero no podía. Vamos, es que no le daba la gana.

La decepción era tan abrumadora que casi tenía ganas de llorar como un niño al que le acaban de quitar el helado de la boca y, además, le arrean un guantazo en cada mejilla. Tan solo consiguió balbucear algo que pretendía parecerse a «como quieras, pero no pasa nada malo si esta noche...», pero el resultado fue una lamentable serie de sonidos cacofónicos incomprensibles que causaron la hilaridad de Isabelle.

De repente, cuando cesaron la risas, ella se acercó a él y se besaron, se abrazaron y... todo lo demás.

El teléfono de Isabelle sonó a las ocho de la mañana despertándoles. Ella se alegró mucho al reconocer la voz que le hablaba desde el aparato. La arquitecta se incorporó y acabó levantándose de la cama. Martín no entendía casi nada de lo que hablaban, porque no sabía francés, así que se limitó a contemplar extasiado, bajo la luz de la mañana, el precioso cuerpo desnudo de la que había sido su amante horas antes, mientras ella paseaba entusiasmada de un lado a otro de la habitación. Algunas palabras sueltas le dieron la pista de que estaban hablando de la reconstrucción del Castillo de Alameda.

Cuando Isabelle colgó el teléfono, le miró con complicidad, volvió a la cama, se puso encima de él y le besó.

—Tengo buenas noticias —dijo ella.

—Me encanta tu manera de despertarme.

—¿Sí? Pues todavía puede ser mucho mejor —dijo ella susurrándole al oído.

Isabelle empezó a besarle el cuello, después el pecho… Martín comprendió que antes de conocer el contenido de la conversación telefónica, iba a pasar otra cosa.

Y era un alivio, porque, hasta ese momento, Martín había temido que Isabelle se arrepintiera de lo que había pasado la noche anterior. Pero estaba clarísimo que no era el caso.

Durante el desayuno, Isabelle comentó a Martín que una amiga ingeniera iba de camino hacia Alameda con los planos para construir la maquinaria para llevar a cabo las obras. Caroline había colaborado en las obras del Castillo de Guédelon supervisando el buen funcionamiento de norias, andamios y grúas, y le apetecía mucho dejar la lluvia de Bélgica para pasar unos días bajo el sol de Alameda.

—Ha tomado un avión desde Bruselas —dijo Isabelle—. La tendremos aquí esta misma tarde. Se muere de ganas de trabajar con nosotros. Le pedí que mirase tu página web para ver qué le parecía el proyecto.

—Perfecto.

—Víctor ha hecho un gran trabajo, y las ideas de Héctor sobre la marca personal están dando muy buenos resultados. Caroline está tan interesada que confieso que casi tengo algo de celos.

Martín soltó una carcajada y tomó la mano de Isabelle.

—Dejar Estados Unidos para venir aquí y conocerte es lo mejor que me ha pasado en la vida.

—Guardaba las botellas que abrí ayer para una ocasión muy especial —dijo ella—. Estoy muy contenta de haberlas compartido contigo.

16. ¡MÁS MADERA!

Caroline, tal como comprobó Martín, era una persona extremadamente competente. Una vez consiguieron la madera y los demás materiales, las grúas y los andamios se montaron en poco más de una semana, un tiempo récord teniendo en cuenta las exigencias de Isabelle de utilizar herramientas y materias primas de la época.

Era todo un espectáculo ver la noria que impulsaba la grúa, que funcionaba mediante tracción humana. Bastaba que una persona se metiera dentro y caminara como si fuera un hámster dentro de la rueda de su jaula. De esta forma tan poco sofisticada, la grúa subía los materiales donde hicieran falta.

Caroline decidió pasar algún tiempo en el pueblo para ayudar a organizar los diferentes talleres que iban a dar vida a la «aldea medieval» que se estaba construyendo alrededor de la antigua fortaleza.

A partir de entonces ya podían empezar con el castillo. Mientras se derruían los muros que no se podían salvar y se preparaban los que sí estaban en buen estado, un maestro de forja de metales acudió al pueblo. El forjador mostró a los vecinos que se encargarían de fundir metales cómo hacer un horno de forja y moldes para fabricar clavos, bisagras y herramientas fundiendo metales. Se construyó un pequeño horno junto al castillo. Se trataba únicamente de cuatro troncos protegidos por un rudimentario techo de ramas y paja. Allí empezó a funcionar una forja de piedra.

Se construyeron otros refugios para la fabricación de baldosas de arcilla, talla de esculturas, carpintería..., todo lo necesario para empezar a reconstruir el castillo. De la cantera de piedra se empezó a extraer roca para tallar las piedras que iban a levantar las torres y los muros de las ruinas que presidían Alameda.

Durante los días laborables, eran los habitantes del pueblo quienes llevaban a cabo los trabajos y durante los fines de semana acudían voluntarios —algunos estudiantes de bellas artes— que trabajaban creando esculturas y ornamentaciones de piedra. Isabelle intentaba poner un poco de orden en aquellos caóticos inicios.

Afortunadamente, muchos de los vecinos tenían nociones de albañilería y carpintería, y no costó demasiado esfuerzo que aprendieran a trabajar como lo habían hecho sus ancestros casi mil años antes.

Para entonces, Matías ya disponía de quince habitaciones en el edificio de la taberna y otros vecinos empezaron a ofrecer algunos de los dormitorios de sus casas a turistas y voluntarios, que llegaban de manera ininterrumpida, incluso los días no festivos. Antiguos pajares, desvanes y almacenes fueron provistos de camas, duchas y lavabos para alojar a todos los que decidían quedarse algunos días en Alameda.

De la cantera empezaron a llegar al castillo las primeras piedras. Isabelle mostró a los albañiles cómo fabricar mortero de calidad para una construcción segura. De paso, no pudo evitar darles —tal como hacía cada vez que les daba instrucciones para cualquier cosa—, una lección de historia de las construcciones medievales.

Un grupo de ellos se reunió para recibir la clase magistral de la arquitecta francesa. Martín estaba entre ellos, pues él fue el primer voluntario en trabajar codo con codo con el resto de los vecinos.

—Al principio del siglo XIII —empezó Isabelle—, por motivos de ahorro, para la construcción de catedrales se utilizaba muy poca cal y la arena solía ir mezclada con tierra. Ese era un mortero de muy baja calidad. Sin embargo, más tarde, en el siglo XIV se empezó a utilizar arena de planicie, que podía lavarse para quitarle cualquier resto de arcilla y de tierra. No hace falta que os diga que, con estas medidas, se consiguió un mortero de mucha mejor calidad.

—Y ese es el que vamos a fabricar nosotros —se adelantó Martín.

—Eso es exactamente lo que os iba a decir —dijo Isabelle con una sonrisa radiante.

A partir de aquel momento, setenta y ocho vecinos y vecinas de Alameda empezaron a trabajar en el recinto del castillo de manera continuada. La mayoría de los albañiles volvían a levantar paredes abandonadas siglos atrás, mientras otros construían un chiringuito para poder ofrecer comida a los visitantes. Los carpinteros, por su parte, terminaban de levantar cabañas con techo de paja para albergar a los ceramistas y demás artesanos que manufacturarían materiales para el propio castillo aparte de piezas destinadas a las tiendas para los visitantes.

El día en que se puso la taquilla y se cobró la primera entrada fue todo un éxito, más de cuatrocientas personas pagaron para ser testigos de la inauguración de las obras del castillo medieval de Alameda. El chiringuito llenó su gran terraza y sirvió un sinfín de carne a la parrilla, vino y refrescos. Esto no perjudicó en absoluto a la taberna de Matías, al contrario, su local también tuvo un gran llenazo y casi no dio abasto.

Los artesanos inauguraron igualmente con éxito, porque consiguieron vender muchos objetos de arcilla y metal. El aceite y el vino de la cooperativa volvió a venderse como nunca. Y, esta vez, no se presentó un canal de televisión local, sino varias televisiones autonómicas, nacionales e incluso un canal francés, interesado en la inspiración que había provocado en Alameda el caso del Castillo de Guédelon.

Martín observaba orgulloso a Isabelle, que iba vestida de trabajo, es decir, llevaba ropa de estilo medieval, igual que él mismo y el resto de los trabajadores de la obra.

Mariano, el alcalde, no se presentó en ningún momento. Se decía que estaba rabioso. Una semana antes de la inauguración, había vuelto a reclamar que el dinero de la taquilla pertenecía al Ayuntamiento. Martín, en cambio, tenía derecho a administrar el dinero recaudado en el quiosco de comidas y los puestos de artesanía, capital que destinaba a pagar los sueldos de todos los trabajadores y los materiales. Sin embargo, a pesar de lo que se recaudaba, Martín tenía que poner dinero de su cuenta bancaria. El dinero de la taquilla —el grueso del capital— que iba a las arcas del Ayuntamiento tenía que servir también para pagar sueldos. Mariano quería llevarse el mérito de entregar la mayor parte.

Cuando ya todo estaba en pleno funcionamiento, Caroline decidió regresar a Bruselas. No quiso cobrar nada del dinero que le ofreció Martín, pero él no permitió que ella volviera a Bélgica sin un cheque.

—Si no cobras, no tendré valor para llamarte en caso de necesidad —le avisó Martín—. Quien trabaja, cobra. Esa es mi norma y nunca olvides que lo gratis mata.

Caroline aceptó finalmente el cheque, agradecida por la honradez del candidato a la alcaldía.

—Volveré de vez en cuando para comprobar que todos los ingenios siguen en orden —comentó la belga—. En caso de que tengáis alguna duda o creáis que alguna máquina no funciona como debería, avisadme. No utilicéis ninguna grúa en caso de que no tengáis claro su funcionamiento, podría ser peligroso. No os conviene ningún accidente.

Martín estaba viviendo la época más feliz de su vida. Su casa ya estaba del todo reformada y, aunque su relación con Isabelle parecía que estaba cuajando, tenían el mutuo acuerdo de que cada uno viviría en su propia casa (aunque, a menudo, uno dormía en casa del otro, y viceversa). A pesar de que vivían en un pueblo y había habladurías entre la gente mayor, no dieron mucha importancia a lo que la gente pudiera cotillear a sus espaldas.

En el pueblo, todos los vecinos saludaban a Martín y él se sentía querido. En la taberna nadie le dejaba pagar nada, a pesar de que él insistía. Cada dos por tres era el mismo Matías quien le invitaba.

—Puede que pronto seas nuestro alcalde —le soltó Matías en una ocasión, guiñándole un ojo—, pero la taberna es mi casa. Tú mandarás en el Ayuntamiento, pero aquí no llega tu autoridad.

El candidato también estaba feliz por Víctor, su amigo. Le era imprescindible porque le había demostrado ser un jefe de prensa sensacional, y podía preguntarle sobre cualquier persona o costumbre de Alameda. No lo había vuelto a ver borracho desde aquel primer día en la taberna, recién llegado Martín al pueblo. Aunque Víctor tampoco se había convertido en un abstemio, en absoluto. Su amigo bebía vino y licores igual que los demás, pero sin excesos gratuitos ni matutinos. Solo se ponía algo alegre cuando celebraban algo. Además, a Martín le pareció que había demostrado un interés especial por Caroline.

Una noche, en casa de Isabelle, mientras cenaban, salió el tema de la ingeniera belga.

—Sí, la verdad es que me gusta esa mujer, mucho —respondió Víctor cuando su amigo le preguntó—. Me encanta verla trabajar, me gusta cómo me manda al cuerno cuando le gasto una broma, me gusta su manera de ser, sus valores y, hablando en plata, es un bellezón de la hostia.

—¿Pero? —preguntó Isabelle.

—Sí, hay un «pero». El amor de mi vida, mi mujer, mi compañera, se me murió, igual que mi hijo —respondió Víctor con una sonrisa triste—. Si me llevara a Caroline a la cama, no sería capaz de hacer nada con ella, tendría la sensación de traicionar a mi Helena. Todavía estoy de duelo, no puedo evitarlo. Cuando llegue el momento ya veré lo que hago, pero ahora mismo no tengo ganas. Además, no creo que esa chica se fije en un rústico patán como yo, y con un par de tortolitos medio atontados en el equipo ya hay más que suficiente.

17. ¡CORRUPCIÓN!

Superado el primer mes después de la inauguración de la obra, Martín se dio de bruces con la realidad política del país al que había vuelto. Al parecer, nadie sabía dónde iba a parar parte del dinero que se recaudaba en la taquilla, aunque se sospechaba que Mariano, el alcalde, se estaba quedando con una parte importante. El taquillero, el joven Ramiro, era también el contable en el Ayuntamiento de Alameda, además de pariente lejano del alcalde. Sin embargo, también era el novio de Marta, la hija de Matías, el tabernero.

Desde el primer día, el muchacho tuvo la sensación de que Mariano tenía un comportamiento extraño cuando le llevaba la recaudación al despacho del ayuntamiento, así que un día, por la noche, fue a ver a Martín a su casa. El candidato se extrañó al verlo, pero le invitó a pasar y le ofreció una infusión.

—Pues, si no le sabe mal —pidió el joven—, prefiero algo un poco más fuerte. Tengo que decirle algo de Mariano y me temo que necesito algo que me dé un poco de valor.

—Siéntate en el sofá, creo que me tomaré un whisky contigo —le dijo Martín—. Y puedes tutearme, ni soy tan viejo, ni merezco tanto respeto. Sigo siendo un vecino más.

Ramiro le contó que, cuando cerraban el acceso al castillo al terminar la jornada, llevaba al despacho el dinero recaudado. Iba dentro de una caja metálica, en la que también había un taco con las entradas que habían sobrado.

—Nunca quiere contar el dinero conmigo, y ese es mi trabajo. Si le propongo ayudar, me echa educadamente del despacho, algo nervioso —dijo Ramiro dando un buen trago al whisky—. Hoy, de hecho, ahora mismo, he estado mirando las cuentas y falta dinero.

—¿Cómo dices? —preguntó Martín alucinado.

—Yo sé cuántas entradas he vendido y, por lo tanto, sé cuánto dinero se debería haber reflejado. Lo ha estado haciendo con cada recaudación. El alcalde está robando en tu... en nuestro proyecto.

—Gracias por la información —le elogió Martín—. Eres muy valiente y tendré eso muy en cuenta en el futuro.

—No lo he hecho para ganar algo —respondió el joven—. Hago de contable, me gustan las cuentas claras.

Cuando Ramiro se fue, a Martín le entraron ganas de coger la escopeta de su abuelo y hacer que Alameda saliera en la prensa otra vez, pero en la página de sucesos.

Sin embargo, se lo pensó dos veces.

Primero, porque la escopeta era una reliquia que posiblemente le estallaría en la cara en el momento de la perdigonada y, segundo, porque él era incapaz de hacer daño a una mosca.

También estuvo a punto de ir a casa de Víctor y explicarle lo sucedido, pero prefirió no hacerlo, porque si él había pensado en la escopeta, su amigo la habría cogido directamente, ya que era más visceral que él.

Pensó en Héctor, que era un hombre mucho más atemperado, pero ya no eran horas de andar molestando. Esa noche se quedó solo en casa. Isabelle se había retirado temprano a la suya porque estaba agotada y Martín no pudo dormir.

—Sabía que ese cabrón haría de las suyas —exclamó Víctor fuera de sí—. Te dije que no te fiaras un pelo de ese sinvergüenza. ¡Es que le voy a partir la cara tal que ya!

—No nos precipitemos, ni hagamos ninguna locura —dijo Héctor.

Martín había reunido a su antiguo maestro, a Víctor y a Isabelle en su casa para explicarles lo que les había contado Ramiro la noche anterior.

—Tendríamos que denunciarlo —opinó Isabelle—. Esto es completamente ilegal.

—No conseguiríamos nada —dijo Víctor—. Tardaríamos años en conseguir meter a ese delincuente en la cárcel. Pertenece al partido que está en el poder. Todo el gobierno de este país está podrido hasta la médula, hay cientos de políticos que se han enriquecido ilícitamente y no les pasa nada. ¡Y la gente les sigue votando!

Bienvenida a la realidad, Isabelle.

—De eso se trata, de urnas —dijo Héctor—. Lo que hay que conseguir es sacarlo del Ayuntamiento en las elecciones. Ahora más que nunca, Martín, tienes que potenciar tu marca personal. Lo que la gente tiene que ver es que hay una batalla entre la honradez y la transparencia contra la corrupción y la opacidad. Más que atacarle acusándolo, hay que hacer bien nuestro trabajo, seguir demostrando que tu marca personal es genuina e ir reuniendo pruebas para demostrar al pueblo que está siendo estafado por su alcalde. Esas pruebas serán utilizadas cuando llegue el momento oportuno. Mientras tanto, hay que armarse de paciencia y no caer en las provocaciones que te va a tender. Él juega sucio, tú deberás jugar limpio, tienes valores y hay una convergencia de propósitos. Lo que tú quieres beneficia a todos. Además, la verdad siempre acaba por poner a cada uno en su lugar.

—Pues no va a ser nada fácil —dijo Martín—. Mientras él se quede parte del dinero, no llegará para cubrir todos los gastos de la obra del castillo. Tendré que ir pagando de mi bolsillo. Puedo asumirlo de momento, no hay problema. Pero tengo que reconocer que me hierve la sangre.

A partir de entonces, a Mariano se lo veía más en la taberna. Empezó a invitar a los parroquianos con generosa desfachatez para aumentar su popularidad y solía criticar públicamente el turismo creciente de Alameda.

Al poco tiempo, empezaron a surgir algunos vecinos quejándose de que el pueblo había perdido la tranquilidad reinante, que algunos domingueros no respetaban la siesta de los habitantes de Alameda, que ensuciaban, que los que pasaban la noche en el pueblo hacían botellón y se pegaban juergas en las habitaciones o en las casas que habían alquilado...

—Oye, habrás notado que últimamente se oyen algunas quejas por parte de algunos mamarrachos —comentó Matías mientras servía unos refrescos a Martín e Isabelle en la terraza, a la hora del aperitivo.

—Pues sí, algo he oído.

—Ten cuidado, creo que Mariano está pasando sobres con dinero a algunos vecinos para que hagan correr rumores que te perjudiquen —le comentó el tabernero—. Este ya ha empezado la campaña electoral por su cuenta, y está comprando los votos con dinero.

Martín le agradeció la información, y pensó que cada vez iba a resultar más difícil jugar limpio contra quien está acostumbrado a dar golpes bajos de manera sistemática. Mariano estaba comprando sus propios embajadores de marca de manera ilícita.

Después del aperitivo, Martín fue a pagar en la barra mientras Isabelle le esperaba en el exterior.

—Martín —le dijo el tabernero cuando le devolvía el cambio—, no te pongas hecho una furia por lo que te diré ahora.

El aludido se puso en guardia.

—¿Hay algo más?

—No quieras saber lo que dice ese voceras de Mariano sobre Isabelle, y no precisamente en privado…

Aquello ya era demasiado. Cuando Martín supo que el alcalde insultaba en público a la mujer que amaba, de la manera más obscena, no pudo más y se fue al ayuntamiento.

Cuando Martín llegó al despacho de Mariano, le soltó a bocajarro que sabía que estaba robando de la taquilla del recinto del castillo, que estaba pagando dinero a algunos vecinos para ponerlos en su contra, que estaba insultando a Isabelle y que pensaba utilizar todo aquello en su contra.

Mientras vomitaba su rencor, se iba dando cuenta de que se estaba equivocando. El alcalde sonreía con cinismo mientras le llovían las acusaciones. Mariano se levantó de la silla y se puso delante de Martín, a menos de un metro, en actitud provocadora.

—Vaya, vaya, así que estás bien enamorado de esa gabacha —dijo en tono chulesco—. ¿Y cómo piensas hacerme callar? ¿Vas a pegarme? ¿A que no tienes huevos?

A Martín se le nubló la vista por un instante, pero, pasados esos segundos críticos, supo lo que tramaba su contrincante. Buscaba su violencia para justificar su total descrédito. Si le partía la cara, ya podía despedirse de la alcaldía y del proyecto del castillo de Alameda.

Martín se quedó mirándolo pero no dijo nada más. No podía entender que hubiera gente con esa mentalidad ocupando lugares públicos. Era imposible que alguien de esa calaña se preocupase por el bienestar de los demás.

Corroído por la rabia, Martín salió del despacho de Mariano y del ayuntamiento.

18. EL CUARTO ESCALÓN: SER EL ELEGIDO

Martín estaba fuera de sí, pero era consciente de que necesitaba calmarse para poder pensar. Necesitaba escuchar a alguien que le hiciera ver las cosas con perspectiva antes de hacer algo irreparable. Fue directo a casa de Héctor.

—Ir a verlo ha sido un error grave —dijo el profesor después de que Martín le relatara lo sucedido—. Ahora tu enemigo es consciente de que sabes que ha robado e intentado comprar votos. A partir de ahora será más cauto.

—Lo sé, ¡maldita sea!

—Sin embargo, has sabido controlar tu ira y no le has dado la mejor excusa, la violencia, para acabar con tu carrera —analizó el sabio—. Te ha tendido una trampa y has conseguido no caer en ella.

—Lo que más me indigna es su desfachatez —se quejó Martín—. Sabe perfectamente que la obra del castillo es agua de mayo para Alameda. Podría haber colaborado, incluso yo me habría retirado si hubiera visto buena voluntad por su parte. Pero a Mariano le importa un bledo el bienestar de su gente. Utilizará siempre la mentira, la calumnia y el insulto para conseguir sus objetivos, es que incluso ha demostrado ser un ladrón.

—Y ya te puedes ir esperando lo peor, eso ya deberías haberlo tenido en cuenta en el momento de preparar tu propia estrategia, es decir, los riesgos a los que tenías que enfrentarte. Mariano es capaz de utilizar la violencia y culparte a ti de lo que él haga —aseguró Héctor—. Ve tomando nota de todo lo que veas, intenta reunir pruebas, defiéndete…, pero sobre todo haz una campaña electoral convincente utilizando tu propia marca.

—Por suerte, la campaña empieza dentro de cuatro días —se consoló el candidato—. Va a ser un mes interminable.

Héctor le acercó a Martín una taza de su té de roca.

—Ahora es cuando tienes que subirte al cuarto peldaño —sentenció el maestro—. Es la hora de la verdad, la hora de ser el elegido.

Martín bebió un sorbo de té y se quemó los labios.

—Hay una cosa que tengo clara —dijo Martín después de soplar en la taza—: no pienso rebajarme a utilizar sus mismos métodos.

—Harás bien, eso causaría un efecto boomerang sobre la imagen que has estado creando. No sabes hasta qué punto estoy contento de que no le hayas pateado la cara a ese canalla.

—Poco ha faltado —reconoció Martín.

—Bueno, Martín —dijo Héctor—, has hecho un gran esfuerzo para conocerte a ti mismo y subiste un primer escalón, darte a conocer. Después fuiste reconocido gracias a tus actos, eso fue el segundo escalón. El hecho de haber conseguido que empiecen las obras ha tenido como consecuencia que siempre serás recordado en Alameda, eso significa que has subido con éxito el tercer escalón, ser memorable. Ahora eres único en el pueblo, eres necesario para que la mayoría siga adelante y eres imprescindible porque, sin ti, el proyecto más importante que jamás ha tenido este villorrio dejado de la mano de Dios no funcionaría. Esa obra lleva tu nombre. Has sabido compartir con los demás tu proyecto, que ya es de todos: el futuro eres tú.

—Haces que me sonroje —confesó Martín—. Suena espantosamente pretencioso.

—La consecuencia final de tu gestión —continuó el profesor—, el principal objetivo de tu marca personal, es ser el elegido. Y me siento muy satisfecho y orgulloso porque creo que estás mucho más preparado que el indigno al que te enfrentas. Tienes que seguir así, sigue trabajando en la obra, como un vecino más. La gente confía en los que son iguales que ellos. Sigue mezclándote con tus conciudadanos, no te sitúes en ningún pedestal. Pídeles ayuda, que no te vean solo como un empresario, despierta su empatía. Si no pides, no te quejes, ya que nadie sabrá lo que quieres.

Ramiro perdió su trabajo como contable en el Ayuntamiento y fue sustituido en la taquilla del recinto medieval. El alcalde puso a su hijo a ocupar la vacante.

El despedido fue a pedir ayuda a Martín y, aprovechó para darle todos los datos, documentos y fotografías que había conseguido de la caja B del Ayuntamiento. Martín le ayudó porque sabía que el chico no había actuado por venganza en ningún momento. Para el candidato, estaba claro que la gente honrada siempre es la gran mayoría, el problema es que son manipulados por los representantes que eligen, la mayoría de ellos corruptos.

A partir de entonces, fue Ramiro el encargado de la contabilidad de Martín y de hacer los pagos a los trabajadores de la obra con lo que se recaudaba de la venta de artesanía y el dinero del propio candidato.

Justo el día anterior al inicio de la campaña electoral, se acabó de reconstruir uno de los torreones pequeños del castillo. Aquella imagen de la fortaleza medieval fue el símbolo de la candidatura de Martín, era el logo de su marca.

Ya nadie le podía echarle en cara que su proyecto no funcionaba.

Esa noche cenaron juntos Héctor, Isabelle, Martín y Víctor. Todavía no había empezado la campaña y ya estaban agotados. Sin embargo, los ánimos estaban al cien por cien. Por fin veían el horizonte más cercano.

Víctor tenía una lista con los vecinos que ya se habían decantado por la candidatura de Martín y los que seguían fieles a Mariano. Repasaron uno por uno todos los que no se habían pronunciado por nadie.

—Yo creo que los que están trabajando en la obra te votarán seguro —opinó Isabelle—. Antes de llegar tú, no tenían nada.

—Sí, pero no te confíes —le dijo Víctor—. A algunos estoy seguro de que los ha comprado Mariano. Fíjate que más de un albañil ya no trabaja con la misma ilusión que al principio. Tienen otro sueldo, el que les da el alcalde por votarle. Los muy ilusos creen que si Mariano es reelegido, tendrán ese subsidio para siempre. Creen que si Mariano gana, dejarán de trabajar como albañiles y seguirán cobrando por ir al bar.

—¿Crees que son muchos? —preguntó Martín— ¿Pueden darle la mayoría?

—Nunca menosprecies a tu enemigo —dijo Héctor—. Hasta que no termine el recuento de votos no sabremos nada.

—Martín, ¿hay alguien que pueda ayudarte? —preguntó el jefe de prensa—. Me refiero a si conociste a alguna estrella de cine en Estados Unidos o a algún rockero famoso que nos pueda echar una mano.

—No, no conozco a nadie.

—Mi exmarido es una celebridad —apuntó Isabelle—. En Francia lo conocen todos, pero aquí...

—Pedid un esfuerzo a los que confían en el proyecto, actuarán de manera vocacional y se convertirán en sus mejores embajadores . Ni se os ocurra pedir a nadie de fuera que nos ayude —dijo Héctor—. Ten en cuenta que Mariano y los suyos llaman a Martín y a Isabelle los forasteros. Ten por seguro que ellos van a utilizar el patrioterismo como arma arrojadiza.

—Ahora que lo dices —comentó Víctor—, yo mismo te solté una estupidez el día que me hablaste por primera vez del proyecto. Te acusé de mesías y te dije que ya no eras de aquí. Héctor tiene razón, seguro que Mariano sacará a relucir la patria por algún lado.

—Otra cosa, Víctor —añadió el profesor—, he pensado que, como cartel electoral, podrías hacer un mapa mental.

—¿Y eso cómo se cuece? —graznó el aludido—. ¿Un cerebro con capitales de provincia?

—No, es una herramienta muy visual —continuó Héctor—. Para generar un mapa mental se parte de una idea que se sitúa en el centro de una hoja de papel y, a su alrededor, unidos por líneas de manera que formen una especie de racimo, se van describiendo los elementos que dependen de ella. Se pueden utilizar palabras, imágenes o dibujos manteniendo siempre una estructura muy esquemática que defina la esencia de la idea o proyecto que queremos desarrollar. Los mapas recuerdan las ramas de un árbol, las formaciones de coral, las redes neuronales y otras formas que encontramos en la naturaleza. Del concepto central parten ramas que conducen a los detalles y que a su vez se ramifican y se interconectan unas con otras. También sirven para tomar notas, seguir una reunión, preparar una conferencia o una propuesta para un cliente y nos ayudan a memorizar los contenidos, nos permiten analizarlos, visualizarlos y comprenderlos, y acaban siendo una buena estructura para hacer una presentación, una conferencia o un artículo.

—¿Eso? ¿Una especie de croquis como cartel electoral? —preguntó Martín lleno de dudas.

—Esa imagen da sensación de trabajo —continuó Héctor—. Todo parte del proyecto del castillo y, a continuación, se van añadiendo nuevos proyectos como la escuela o el camping, quiénes participarán, qué beneficios habrá… Tus votantes verán ese mapa mental como su proyecto en formación, se verán incluidos en él. Querrán participar y solo tendrán que votar para conseguirlo.

—No está mal —dijo Isabelle—, es como publicar los planos de una obra en construcción. Incluso se pueden añadir interrogantes para que quien tenga ideas pueda aportarlas. Habría que poner buzones para sugerencias.

—Y para los insultos de Mariano —añadió Víctor.

—Me gusta —opinó Martín.

19. BERLANGA

Al día siguiente, a las siete de la mañana, se oyeron fuertes golpes en la puerta. La insistencia era tal que Martín, una vez despierto, dedujo que se trataba de su mano derecha.

—Creo que Víctor nos trae alguna novedad importante —balbuceó el candidato intentando librarse de los brazo de Morfeo… y de los de Isabelle, que había pasado la noche con él.

Se levantó y bajó a abrir a su amigo.

—No sé si te vas a reír o vas a llorar —anunció Víctor en cuanto entró en la casa.

—¿Quieres un café? —propuso Martín.

—Sí, por favor, bien cargado —agradeció el jefe de prensa— y añádele algo de coñac porque te va a hacer falta cuando oigas esto.

Mientras Isabelle bajaba las escaleras y saludaba al recién llegado, este manipuló su móvil y se escuchó una música del año de María Castaña que introducía una canción:

Americanos, vienen a Alameda gordos y sanos
Viva el tronío y viva un pueblo con poderío
No os queremos
Volved a América con alegría
Olé mi madre, olé mi suegra y olé mi tía
Americanos, que por el saco os den a todos
Olé mi madre, olé mi suegra y olé mi tía.
...

—¿Se puede saber qué es semejante esperpento? —preguntó Martín horrorizado.

—¿No te suena la melodía?

—Para nada.

—Estos cavernarios han adaptado la canción «Americanos» de la película *Bienvenido, Mister Marshall* —anunció Víctor— ¿No la habéis visto?

Isabelle y Martín negaron lacónicamente.

—Pues la cosa tiene miga. La película es un clásico español de principios de los años cincuenta, además es muy buena —les ilustró Víctor—. En un pueblecito de la Castilla profunda averiguan que tienen que ir al municipio unos estadounidenses para repartir dólares entre los vecinos, el Plan Marshall de después de la Segunda Guerra Mundial. El pueblo entero se gasta lo que no tiene para dar una gran bienvenida a los americanos y alguien compone una cancioncilla que cantan todos para recibirlos. Es justo la que acabáis de escuchar, pero con la letra cambiada.

—Por favor, menuda patochada —exclamó Martín.

—¿Y cómo termina la película? —se interesó la arquitecta.

—Pues que los americanos entran y salen del pueblo sin detenerse y los pobres aldeanos no ven un duro del Plan Marshall. Mucho cuidadín con el mensaje, que hay tela.

—Pues vaya, no sé qué piensan conseguir con eso —se quejó Martín poniendo las tazas de café en la mesa, todavía medio dormido.

—Pues mira, de entrada han conseguido que la gente te vea ridículo, que todos se rían pensando en ti y que te vean como un jodido extranjero que está de paso y los dejará tirados —respondió Víctor—. Hasta yo me he tenido que reír con la jugarreta. Mariano es un patán, pero no es tonto. La grabación es cutre a morir, pero la canción es pegadiza. En una semana la cantará todo Alameda.

—Este sinvergüenza ha empezado a gastarse el dinero que ha robado con algún asesor —dedujo Martín—. Me extraña que haya pensado en un mensaje tan sutil.

—Pues ya podéis empezar a buscar a algún cantautor o algún cómico que componga una canción para contrarrestar el daño que nos hará esta —les aconsejó Víctor.

—No, no haremos nada de eso —sentenció el alcaldable.

—Genial, ¿y qué piensas hacer?

—Pues absolutamente nada que cueste dinero —respondió Martín.

—Explícate porque no te pillo.

—Corrígeme si me equivoco —dijo Isabelle—. La marca personal de Martín se basa en la honradez, la seriedad y el trabajo bien hecho. El futuro alcalde de Alameda no va a despilfarrar ni un solo euro en fuegos artificiales. Utilizará mensajes de prensa, dará algún mitin improvisado y predicará con el ejemplo trabajando junto a los albañiles del pueblo, codo con codo, en las obras del recinto medieval. No van a haber grandes actos, ni conciertos ni grandes eventos propagandísticos. No va a venir ningún famosillo de tres al cuarto a recitar las grandes cualidades de Martín, porque la gente ya tiene que conocerle por lo que ha hecho hasta ahora. No intentará desprestigiar con malas artes a su contrincante, aunque tiene suficiente información como para meterle en la cárcel unos cuantos años.

—Isabelle, yo te adoro, pero tú has bebido, ¿verdad? —insinuó Víctor, estupefacto—. No te preocupes, haz un esfuerzo como yo y bebe solamente cuando lo hagan los demás. No lo hagas a escondidas. ¡Por Dios! ¿Es que os habéis vuelto locos?

Martín soltó una carcajada por la ocurrencia de su amigo pero dejó que Isabelle continuara hablando.

—Martín seguirá actuando como ha hecho hasta ahora y va a dejar en evidencia a Mariano. Mientras uno utilice burlas y derroche el dinero, nuestro candidato seguirá con su proyecto, que ya es el del pueblo. Mientras Mariano insulte y empiece con mentiras,

Martín le respetará en público y no hará promesas que no podrá cumplir. Mientras Mariano actúe como propietario de esta población, Martín se comportará como un vecino más. Lo que tiene que hacer el futuro alcalde es recordar a la gente cómo ha estado Alameda todos estos años, cómo está ahora y cómo puede llegar a estar con el esfuerzo de todos. Recordarles que ya no hay escuela en el pueblo y que pronto la habrá porque ya sabemos que muchas familias regresarán. Martín, preguntará a los habitantes de Alameda si desean volver a un pasado decadente o prefieren que su pueblo sea digno de vivir en él y de ser visitado.

—Y si se decantan por Mariano, que les den morcilla —añadió Víctor—. Muy bien, ya puestos a hablar de clásicos, Martín, te nombro «Juan Nadie» o «Caballero sin espada».

—¿Y eso? —preguntó Martín.

—Ay, ¡qué poco cine habéis mamado! —suspiró Víctor—. Son películas de Frank Capra, de finales de los años treinta. Los films de Capra eran muy bienintencionados y bastante ingenuos... pero daban resultado, a su manera. No va a ser fácil, os lo aseguro. Frank Capra hacía ficción, esto es la realidad. Nos van a torpedear por babor y por estribor, ¿lo sabéis, verdad?

—Espera, no te vayas. Ayer estuve charlando con Héctor y me gustaría que tengas en cuenta esto y lo adaptes a nuestro programa electoral en la web —dijo Martín entregándole una lista a su amigo.

1. Se afianza en grandes modelos de negocio y proyectos para la mejora humana.
2. Se centra en los trabajos, frustraciones y alegrías que más les importan a los clientes, usuarios o seguidores.
3. Se centra en trabajos no solucionados, frustraciones no resueltas y alegrías no obtenidas
4. Tiene como objetivo pocos trabajos, frustraciones y alegrías pero se centra en ellos extremadamente bien.
5. Va más allá de los trabajos sociales y aborda los emocionales y sociales.
6. Está en consonancia con el modo con que los clientes o interesados miden el éxito
7. Se concentra en los trabajos, frustraciones y alegrías que tienen mucha gente o por los que pagarán mucho dinero o sumarán sus esfuerzos.
8. Se diferencia de la competencia o los rivales en los trabajos, frustraciones y alegrías que les importan a los clientes, usuarios y/o seguidores.
9. Supera a la competencia o rivales de manera significativa por lo menos en un ámbito.
10. Es difícil de copiar.

—¿Y esto qué es? —preguntó Víctor.

—Son las características que tiene cualquier gran propuesta de valor según los grandes expertos en modelos de negocio Osterwalder y Pigneur —respondió

Martín—. Se utiliza especialmente en los negocios, pero también sirve para un proyecto humano o político como el nuestro.

20. GUERRA SUCIA

Tal como habían imaginado, Mariano utilizó gran cantidad de dinero para su campaña electoral. En la plaza se montó un escenario para que Mariano diera sus discursos. Más que mítines políticos, aquello parecían espectáculos de fiesta mayor, ya que participaban bandas musicales y cómicos que —cobrando, naturalmente— acababan sus espectáculos agradeciendo al «gran alcalde de Alameda» el hecho de haber podido tocar ante un público tan maravilloso e inteligente como el que tenían ante ellos.

La plaza mayor parecía Las Vegas, ya que el escenario estaba iluminado como si fuese un concierto de rock y, al final de cada espectáculo, se repartía cerveza gratuita gracias a la gentileza del alcalde.

—Esos palurdos beben gratis en la calle y luego vienen a mi taberna a dejarme los lavabos hechos una cloaca —se quejó una noche Matías a Víctor—. Espero que Martín espabile con su campaña, porque a la gente sin miras la suelen deslumbrar estas cosas, aún más si se aliña con alcohol gratis.

—Lógico, con el dinero que ha conseguido de la taquilla del castillo, ese botarate se ha montado una campaña digna de un senador californiano —añadió Víctor.

El mensaje de Mariano siempre se basaba en la burla y el insulto a los forasteros —yanquis y franceses— que querían invadir Alameda, reserva espiritual de Occidente. En ningún momento explicó un programa electoral, un objetivo común para el futuro del municipio.

Mientras duró la campaña, Martín habló de lo que ya estaban haciendo en Alameda, de los progresos del castillo y de todo lo que se iba a restaurar y arreglar en la población, incluida la escuela. Continuó trabajando en las obras del castillo como cualquier otro vecino, sudando al sol y mojándose cuando lloviznaba.

Martín daba datos, programaba fechas para nuevos proyectos y anunciaba los éxitos ya cosechados. Más de una docena de familias de toda la vida, que habían emigrado hacía años, ya habían hecho los trámites para volver a establecerse en Alameda con los niños. También se dio el caso de personas no nativas de la región que decidieron formar parte de la comunidad.

Martín no acusó públicamente en ningún momento a Mariano de haber robado el dinero de la taquilla del recinto medieval. Quería ganar de manera limpia, sin descalificaciones, sin sordidez.

Martín también organizó una sardinada popular en la plaza. Acudió bastante gente a comer pescado a la brasa. Pero, al día siguiente, Mariano ofreció una mariscada. Sobra decir que la plaza se llenó de gente para comer ostras, percebes y centolla.

Estaba claro que el dinero y el lujo arrastraban a algunos vecinos.

—La cuestión es —comentó Isabelle a Martín—, esos que ahora disfrutan tanto de la mariscada, ¿realmente le votarán? O tan solo aprovechan para comer un producto que generalmente no pueden permitirse y luego votarán a quien les dé la gana.

Martín desconocía la respuesta.

Mientras tanto, las obras del castillo continuaban, los visitantes seguían llegando a Alameda, pagaban su entrada, comían en el chiringuito y en la taberna, pasaban noches en el pueblo y compraban los productos locales en la cooperativa y las tiendas. Cada vez acudía más gente, especialmente después de que se publicara en la prensa la imagen del primer torreón acabado y de que empezara a erigirse un segundo, de mayor envergadura.

En plena campaña, una cadena de televisión entrevistó a Martín y lo presentó como el futuro alcalde. En dicha entrevista, el candidato fue inteligente y volvió a no caer en la descalificación del contrario, pero quedó muy claro que él no compraba el voto de los vecinos con dinero. La entrevista caló hondo en las gentes de Alameda.

Al día siguiente, Mariano ofreció otro banquete en la plaza del pueblo. Una parrillada de carne de caza. Pero el alcalde tuvo que congelar muchos kilos de ciervo y de jabalí que sobraron, porque no fue ni la cuarta parte de comensales que acudieron a la mariscada.

Eso enfureció a Mariano.

Durante lo que quedaba de campaña electoral, las burlas del actual alcalde se transformaron en insultos desproporcionados e, incluso, acusaciones infundadas sobre la procedencia mafiosa de la fortuna americana de Martín.

Se puso en circulación una fotografía robada en la que Isabelle aparecía de frente y desnuda en una conocida revista francesa junto a su antiguo y célebre marido, en una playa desierta. Este hecho escandalizó a algunas comadres octogenarias de Alameda.

—Pues bien guapa que saliste —silbó Víctor mostrando a Isabelle la octavilla con la fotografía que circulaba por el pueblo.

Martín estaba furioso por el hecho de que Mariano y su hatajo de maleantes hubiesen hurgado en el pasado de su pareja y mostraran su desnudez en una vulgar octavilla. Sin embargo se sorprendió ante la reacción de la arquitecta.

—Sí que salgo bien, cuando estuve en Formentera con mi ex aún no había cumplido los treinta. Él aprovechó la imagen para la contraportada de un disco. Es bonita, ¿verdad?

—¿Pero, no te ofende? —preguntó Martín.

—¿Por qué debería ofenderme? —rio ella—. El nudismo no tiene nada de malo, no tengo nada que esconder. Estoy muy contenta con mi cuerpo, y más en aquellos años.

Aquellas palabras que dijo ella, «nada que esconder», las utilizó Martín al final de la campaña para demostrar que él era honesto, que jamás había hecho nada de lo que tuviera que avergonzarse y que todo lo que había conseguido trabajando en el extranjero lo aportaba a la comunidad, mostrando así su vocación de servicio una vez más.

21. VICTORIA Y VENGANZA

La victoria electoral de Martín fue histórica, aplastante, mucho más allá de cualquier pronóstico. Tan solo veintisiete votantes dieron su apoyo a Mariano. Apenas hubo abstención ni votos nulos. Quedó claro que la trampa, dar golpes bajos, la mentira y la desvergüenza no habían conseguido su objetivo. Alameda confiaba plenamente en Martín Roca, el nuevo alcalde. Había ganado limpia y dignamente, con honestidad.

Martín no quiso dar ninguna gran fiesta. Tan solo agradeció la confianza depositada en él e improvisó un pequeño discurso en la plaza. Insistió en que tenían que continuar trabajando y que él mismo estaría al día siguiente en la obra del castillo.

Cuando Héctor se le acercó para darle la enhorabuena, le abrazó con fuerza y le dijo:

—Martín, tú eres el resultado de ti mismo. Estoy muy orgulloso, señor alcalde, porque has ganado con decencia.

Aquella felicitación de su antiguo maestro le llegó al alma.

Pero, aquella noche, los golpes en la puerta de entrada de su casa volvieron a sonar sin compasión. Martín se despertó muy enfadado, cogió el móvil de la mesita de noche y comprobó que eran las cuatro de la madrugada.

—¡Víctor, la madre que te parió! —resopló Martín cubriéndose la cabeza con la almohada.

—¿Qué pasa? ¿Quién llama?—preguntó Isabelle, todavía con los ojos cerrados.

—¿Quién quieres que sea a estas horas? El pesado de Víctor... ¡Joder, es que son las cuatro!

Martín vio que en su móvil tenía siete llamadas perdidas de su amigo que no había oído, las llamadas se habían producido muy seguidas.

—Algo no va bien —dijo Martín alarmado.

Al oír ese comentario, Isabelle se levantó de la cama en un segundo y los dos se vistieron a toda prisa.

Martín bajó las escaleras de dos en dos, abrió la puerta y allí estaba Víctor, que no hizo ademán de entrar en la casa.

—Corre, vamos al castillo —gritó su amigo—. Ese malnacido ha incendiado la obra.

Martín vio horrorizado como una luz anaranjada iluminaba el cielo, justo encima del montículo donde estaba el recinto medieval.

—Deja que llame a los bomberos —pidió Martín.

—Olvídate, ya les he llamado yo —dijo Víctor—. Pero tardarán demasiado. ¡Vamos, joder!

Cuando llegaron, vieron el desastre. Todos los talleres de artesanía estaban ardiendo, incluso algunos techos ya se habían hundido. En la noria también se había prendido fuego, todo lo que era de madera estaba siendo pasto de las llamas. Un trabajo de semanas destruido en cuestión de minutos.

Pero se avecinaba un desastre todavía peor, las llamas se acercaban al bosque, que estaba seco a causa de la escasez de lluvias de los últimos dos meses. Si el fuego llegaba a los árboles sería una tragedia para Alameda.

«No hay nada peor que el fuego descontrolado», pensó Martín con un peso abrumador en el alma.

Ninguna manguera llegaba al castillo, el pozo medieval todavía no estaba restaurado y no tenía agua. Se habían instalado cañerías de agua en el merendero y en los baños, pero no se podía entrar porque también estaban siendo devorados por las llamas.

Dos cadenas humanas llevaban agua en cubos hasta el recinto pero era del todo insuficiente para apagar aquel infierno. Algunos agricultores tuvieron la iniciativa de llevar tractores con cisternas y, con las mangueras, empezaron a conseguir algún resultado: el fuego no iba a llegar al bosque.

Entonces apareció el antiguo alcalde.

Cuando Martín vio que Mariano tenía la intención de liderar la organización, dando órdenes a diestro y siniestro, quedó perplejo por su desfachatez.

—He avisado a los bomberos, pronto llegarán —dijo Mariano con autoridad—. Ya está aquí vuestro alcalde, no os preocupéis.

Toda persona tiene un límite.

Martín era una persona y su paciencia se había hecho astillas.

Todos pudieron ver cómo se acercaba a Mariano, pero Víctor se le adelantó y, con un cubo metálico vacío y sin mediar palabra, le arreó tal porrazo en la cara que casi lo tumba. Mariano intentaba mantenerse de pie con las piernas abiertas, pero cayó de bruces después de recibir el fuerte impacto de la bota de Víctor justo en medio de sus nueces moscadas. Se quedó en el suelo hecho un ovillo, casi sin poder respirar del dolor.

El hijo de Mariano y un par de sus incondicionales salieron en su defensa, pero medio pueblo les cortó el paso.

—Ha sido ese cabrón quien ha provocado el incendio —gritó uno de los esbirros de Mariano señalando a Martín—. Ha sido él, e intenta culpar a vuestro auténtico alcalde.

El mismo cubo metálico aterrizó en su rostro y se calló.

—Vaya, todavía tengo buena puntería —dijo Víctor.

Los ánimos estaban muy caldeados, la acusación que había lanzado el amigo de Mariano tenía cierta lógica para algunos. Hasta cierto punto, a Martín le iba bien el incendio para descalificar del todo a Mariano. Para otros, en cambio, esa acusación era, aparte de una calumnia repugnante, una estupidez, porque las elecciones ya habían sido celebradas, y Martín las había ganado. Antes de que la situación degenerara todavía más y estallase una pequeña guerra civil, llegaron los bomberos y la policía. A Mariano se lo llevaron en una ambulancia. A Víctor casi se lo llevan detenido, pero Martín pudo mediar, aunque se le iba a tomar declaración.

22. EL DÍA DESPUÉS

Al día siguiente, en el pueblo todavía se percibía el olor a madera quemada. Era una mañana extrañamente tranquila, después de la tormenta de fuego. Se veía poca gente por las calles.

Se organizó una reunión de urgencia para hablar de lo que había sucedido y tomar una decisión.

Martín agradeció a Víctor que no le hubiera dejado llegar hasta Mariano, porque habría perdido los papeles. Todo dependía de si Mariano denunciaba a Víctor a la policía por agresión.

—No te preocupes, no lo hará —dijo Víctor muy tranquilo—. Y si ya lo ha hecho, retirará la denuncia.

—Muy seguro te veo yo —comentó Héctor.

—Lo que me parece pornográfico —exclamó Martín— es que me hayan acusado de la autoría del incendio. Han sido ellos y tengo que demostrarlo. Aparte de eso, también quiero dejar claro que no nos han derrotado con el fuego. Nuestro proyecto es como el ave fénix, resurgirá de sus cenizas.

Martín encargó a Isabel que volviera a llamar a Caroline para volver a construir las máquinas. También tendrían que reconstruir el poblado medieval, cabaña por cabaña. Tenían que volver a empezar casi de cero, pero, afortunadamente, los trabajos del castillo no se habían visto afectados por el siniestro. Martín iba a demostrar que no podrían doblegarle.

Mariano no se amilanó y pasó a la ofensiva, aún como alcalde en funciones, anunció que esa misma tarde, a las ocho, daría una rueda de prensa en el ayuntamiento.

Después del anuncio, el hijo del alcalde llamó por teléfono a Martín. Amenazó con denunciarle a él y a Víctor por agresión ante testigos, y de haber provocado el fuego. Para ello aseguró que había testigos de lo sucedido que estaban dispuestos a declarar.

Martín dedujo que Mariano había comprado algunos testigos para que dijeran ante un juez lo que el alcalde les dictara. Así se lo hizo saber a Víctor.

—No te preocupes —le respondió su amigo—. No nos llevará ante ningún juez, ni habrá testigo alguno.

Martín no entendía la actitud de su mano derecha. ¿Es que no conocía a Mariano? ¿O es que había hecho un trato con el diablo? ¿O tenía un as escondido en la manga?

—Creo que lo mejor será que contacte yo también con la prensa —propuso Martín.

—Lo que vas a hacer es quedarte en casa tranquilamente mientras disfrutas de las mieles del triunfo —le ordenó Víctor.

—¿Se puede saber lo que tramas? —preguntó el nuevo alcalde a su amigo.

—El mayor espectáculo del mundo.

Eran las ocho de la tarde y en el ayuntamiento se presentaron algunos periodistas interesados. Lo sucedido la noche anterior había despertado el interés de los medios y jamás la sala de actos del ayuntamiento de Alameda se había llenado de micrófonos y cámaras de televisión.

Mariano se presentó media hora tarde, él consideraba que el hecho de hacerse esperar era signo de poderío. Tenía el rostro magullado por el castañazo que le había propinado Víctor con el cubo metálico. También andaba algo patizambo a causa del dolor que sufría en sus magullados frutos secos. Se sentó en la mesa y, tomándose su tiempo, bebió agua de un vaso antes de empezar a hablar.

Desde la calle se oyó un grito. Después un insulto.

Los periodistas, que estaban atentos a lo que iba a decir el exalcalde agredido, miraron de reojo a las ventanas de la sala que daban a la plaza Mayor.

—Buenas tardes a todos —empezó Mariano—. Antes de nada, como auténtico alcalde, deseo agradecerles…

—¡Sinvergüenza! —se oyó que alguien gritaba desde la plaza.

Los periodistas no sabían si mirar al exterior o continuar escuchando a Mariano, que ya había empezado su autobombo explicando hasta qué punto amaba el pueblo del que moriría siendo alcalde. Pero los gritos de la calle se multiplicaron. Y los insultos habían subido a niveles francamente ofensivos. Cada vez se unía más gente a la muchedumbre que expresaba su indignación.

Víctor se había encargado de que se instalaran, de manera muy discreta, cuatro cámaras de seguridad en todo el recinto medieval. Utilizando un proyector instalado en una mesa de la terraza de la taberna, mientras disfrutaba del sabor de una cerveza bien fresca, enfocó las imágenes captadas la noche del incendio en la pared de uno de los edificios de la plaza. La pared era tan blanca, que funcionaba como una pantalla de cine.

Empezó la proyección justo cuando Mariano empezaba a hablar ante la prensa en la sala de actos. Cuando los transeúntes vieron las imágenes en la pared, se detuvieron y reconocieron inmediatamente a los pirómanos: Mariano, su hijo mayor y tres de sus secuaces.

A Mariano le extrañaban los gritos desde el exterior. En menos de un minuto, nadie escuchaba sus argumentos sobre el pucherazo electoral del que había sido víctima. Todos los periodistas de la sala enfocaban sus cámaras hacia el exterior del edificio y grababan las imágenes de los indignados habitantes de Alameda y el reportaje que se proyectaba en la blanca pared de la plaza.

Mariano notó que algunos de los periodistas le miraban alucinados y empezaron a hacerle fotografías. El exalcalde apartó a algunos reporteros y también se asomó a una de las ventanas. Cuando se reconoció en la «pantalla» llevando y vaciando bidones de gasolina, y prendiendo fuego al proyecto más importante de su propio pueblo, supo que estaba perdido.

Mariano, guardando silencio, salió de la sala sin ser visto. Escapó del edificio del ayuntamiento también sin ser visto. Se escurrió de la plaza igualmente sin ser visto. Intentó llegar a su casa… pero allí sí que fue visto, porque le esperaba una gran multitud de vecinos.

Alguien avisó a Martín, que se vio obligado a intervenir *in extremis* para evitar que lincharan a su antiguo rival, como en Fuenteovejuna.

Martín consiguió que le dejaran. Llamaron a la policía y, cuando esta llegó, lo entregaron. Su hijo y los demás incendiarios fueron detenidos también esa misma noche.

23. EL RELLANO DEL CUARTO ESCALÓN

Días más tarde, Martín seguía entristecido, a pesar de haber ganado, porque en la obra estaban otra vez casi en el punto de partida y se había perdido mucho dinero, consumido por el fuego.

—Entiendo que tengas mal sabor de boca —le consoló Héctor—, pero ten en cuenta que os recuperaréis mucho más rápido ahora que el dinero de la taquilla no irá a parar a manos corruptas.

—Eso es verdad —aceptó Martín sonriendo—. Mañana regresa Caroline y volveremos a construir norias y grúas. En cuanto podamos, las taquillas volverán a abrirse.

—¿Has perdido mucho capital?

—Sí, no llega a ser preocupante, pero la cantidad no es nada despreciable. De todos modos, pienso ir recuperando parte de la inversión, que tampoco hay que ser un tonto y dejar perder todo lo ganado durante años de esfuerzo.

—Por cierto, Martín, no creas que el trabajo de tu marca ha terminado ahora que has ganado las elecciones.

—Lo sé.

—Tienes que mejorar día a día, siempre debes seguir perfeccionándote, solo así te mantendrás arriba, en el rellano del cuarto escalón —le dijo Héctor—. Transforma tu alegría, tu dolor, tus éxitos y tus desengaños en experiencias que ayuden a aumentar la alegría, mitigar el dolor y evitar los desengaños para tu público, tu gente. Transforma lo que sabes en algo que proporcione valor, convierte tu conocimiento en una propuesta de valor que te convierta en alguien útil. No puedes permitirte el lujo de deprimirte. Tu proyecto ha ganado, ahora tienes que convencer.

Al día siguiente por la noche, aprovechando la llegada de Caroline, Martín invitó a Víctor y al viejo maestro a cenar en su casa. Había comprado una barbacoa y la quería estrenar con sus amigos. Su bodega ya tenía unas cuantas botellas dignas de mención y, además, se sentía pletórico, optimista, con mucha fuerza para encarar el futuro.

—Esta mañana he ido a ver a Mariano a la comisaría —anunció a bocajarro el alcalde mientras descorchaba un tinto.

Los que masticaban dejaron de hacerlo y los que tenían un tenedor en las manos lo sostuvieron en el aire como si posaran para una fotografía, pero, en lugar de sonreír, mostraban las fauces abiertas de par en par.

—No veo sangre en tu camisa —dijo Víctor— ¿Lo has eliminado con una soga, entonces?

—No, qué va —rio Martín—. Le he dicho que tendrá un buen abogado y que yo cubriré los gastos de su defensa.

—Felicitémonos, hermanos, hemos entregado el Ayuntamiento de Alameda a un demente —soltó Víctor llevándose las manos a la cara—. Deja que la justicia haga su trabajo y lo condenen a galeras. Con un poco de suerte, morirá atado a su remo. ¿Con qué nos sales tú ahora?

—Me parece que has hecho muy bien —opinó Héctor.

—Genial, otro tarado, ¡tú dale alas! —protestó el periodista—. Estoy rodeado de hadas madrinas.

Por la mañana, Martín había conseguido que la policía le permitiera ver a Mariano. Lo encontró hundido, humillado. La imagen derrotada de aquel hombre, tan prepotente y orgulloso otrora, despertó la empatía de Martín. Ya no veía en él a un enemigo.

—Ha prometido devolver el dinero de la taquilla que no se ha gastado en su campaña —informó el alcalde—. No solo no volverá jamás a ponernos palos en las ruedas, sino que está dispuesto a colaborar. Mariano tiene mujer e hijos, sería empezar mal si hay personas de Alameda que son excluidas. Ellos forman parte del pueblo desde siempre. Creo que vale la pena intentar convencerlos y que se unan a nosotros con ilusión, sin sentir vergüenza. Haré todo lo posible para que se sientan cómodos, yo ya los he perdonado.

—Te felicito, porque yo no —remató Víctor con una sonrisa y un gesto teatrales—. De esos majaderos me fío menos que de un perro rabioso. Tú confía en ellos si quieres, pero yo te los voy a vigilar muy de cerca.

—¿Estás seguro? —preguntó Isabelle algo sorprendida— ¿Lo tendrás todo bajo control?

—No puedes tener la vida bajo control por la sencilla razón de que no tienes la capacidad de controlar la mayor parte de las variables que intervienen y, por mucho que te empeñes, nunca lo tendrás —aseguró Héctor.

—Cierto —respondió Martín—, pero recuerda, amigo mío, que me gusta gestionar la incertidumbre.

—Bueno, ¡qué narices! —exclamó Víctor levantando su copa y poniendo el otro brazo en el hombro de Caroline—. Pues brindo por ello.

24. PUNTO FINAL

Años más tarde, un anciano y feliz Martín se había convertido en mentor de jóvenes políticos motivados para hacer algo positivo para la sociedad. Todos le preguntaban cuáles habían sido las claves de su éxito. Llegaron a marearle tanto, que decidió redactar un decálogo para repartirlo cada vez que un discípulo le hacía la maldita pregunta. Lo tituló: «Los diez puntos imprescindibles para que tu marca personal sea poderosa y tengas éxito en la vida», y decía literalmente lo siguiente:

1. **Debes estar comprometido con tu entorno.** Observa la realidad, analízala, mide sus excesos y sus carencias y, si crees que tienes que actuar, no te lo pienses dos veces y hazlo.

2. **Gestiona tu marca personal de manera eficaz.** Recuerda que tu objetivo es ser conocido, reconocido, memorable y elegido. Sin esto último, todo lo demás sobra.

3. **La parte que no se ve de tu marca cuenta tanto o más que la que se ve.** No practiques el postureo y la presencia en redes sociales sin ninguna finalidad. Estar por estar te acabará convirtiendo en humo o en objeto, y serás olvidado. Trabaja tu visibilidad desde tu autoconocimiento, dibuja tus sueños, teje tu mejor estrategia y nunca te equivocarás.

4. **Quien a buen arbol se arrima buena sombra le cobija.** Busca las mejores alianzas, las que te complementen, no tengas miedo de trabajar con gente mejor. La vida se basa en ganar y ayudar a ganar.

5. **Se auténtico.** No hagas nada de lo que no estés convencido y no añadas a tus logros cosas que no hayas hecho. Todo se acaba sabiendo y las mentiras pueden hacer añicos una marca personal.

6. **No restes valor a lo que aportas.** No regales de manera poco reflexiva. Lo que no cuesta un esfuerzo pierde valor, y recuerda que lo gratis mata.

7. **Céntrate en tu propuesta de valor.** Tu público solo te reconocerá por lo que puedas aportar para curarle un dolor o solucionar un problema. No eres el centro del universo. No

hables de ti, sino de lo que puedes hacer por los demás.

8. **Identifica tu propósito.** Comparte con los demás aquello que da sentido a tu vida y que te ayuda a levantarte cada mañana. Nos identificamos con los propósitos más que con los servicios.

9. **Convierte los fracasos en éxitos contando bien tu historia.** Que algo salga mal no te hundirá, sino que te ayudará a ser mejor, más fuerte y más sabio. Comunica, comunica y comunica, sobre todo lo que has aprendido de tus fracasos y de tus éxitos.

10. **Haz que te vean.** «Si no te ven, no existes», dice el viejo aforismo publicitario. Déjate ver en las redes sociales y en el mundo no virtual. La mayoría de los tratos se cierran con un apretón de manos.